陕西省社会科学基金项目"陕西古代书院资料汇编"
阶段性研究成果（项目编号：2017GJ04）

陕西書院

简史

—— 杨远征　田丽娟　编著 ——

西安交通大学出版社
XI'AN JIAOTONG UNIVERSITY PRESS

图书在版编目(CIP)数据

陕西书院简史/杨远征等编著.—西安：
西安交通大学出版社,2016.3
ISBN 978-7-5605-8232-0

Ⅰ.①陕… Ⅱ.①杨…②田… Ⅲ.①书院-教育史-陕西省
Ⅳ.①G649.299.41

中国版本图书馆CIP数据核字(2016)第011703号

书　　名	陕西书院简史
编　　著	杨远征　田丽娟
责任编辑	周　冀　何　园

出版发行　西安交通大学出版社
　　　　　（西安市南二环东段兴庆南路1号　邮政编码710049）
网　　址　http://www.xjtupress.com
电　　话　(029)82668357　82667874(发行中心)
　　　　　(029)82668315(总编办)
传　　真　(029)82668280
印　　刷　陕西龙山海天艺术印务有限公司

开　　本　700mm×1000mm　1/16　印张 11.25　字数 128千字
版次印次　2019年3月第1版　2019年3月第1次印刷
书　　号　ISBN 978-7-5605-8232-0
定　　价　68.00元

读者购书、书店添货、如发现印装质量问题,请与本社发行中心联系、调换。
订购热线：(029)82665248　(029)82665249
投稿热线：(029)82668526
读者信箱 xjtu_hotreading@sina.com

版权所有　侵权必究

前言 FOREWORD

作为藏书之所的书院肇始于唐,而作为一种新型教育制度的书院则自宋代得以确立。从唐末到清末,书院教育延续了一千多年。书院教育的兴起,打破了官学对知识、教育的垄断,改变了文化传播的方向,推动了文化教育自精英阶层向底层社会的流动,在宋明理学的弘扬和明清学术思想的激荡中,书院无疑担当了重任。无论是研究唐宋以来的学术史、教育史,还是文化史,书院都是不可缺少的论题。

书院教育的出现和延续,是对单一的官办教育体系的突破,它开启了私人书院教育和官学教育并行的教育模式。据《新唐书·韦宙传》载,"立学官,取仕家子弟",由此可知隋唐时期的教育体制决定了"学在官府"。宋代兼具藏书、教学和祭祀功能的书院,是一种民间私人办学性质的教育形态,它一举打破了官学的独断局面,"后来所至,书院尤多,而其田土之赐,教养之规,往往过于州县学,盖皆欲仿四书院云"(马端临《文献通考·学校考》),私人所办的书院超过州县官学数量,且以白鹿、嵩阳、岳麓、睢阳四大书院为标杆,其兴盛之况从未有过。

正如陈谷嘉先生所说,因书院为私人创办具有独立性质,故具有很大的灵活性,学生入学不再如官学那样受地域限制,可以接收外地学生。自宋代之后的历代书院,不论规模大小,都具有向社会开放的特点,打破了画地为牢的教育格局,使学生的来源、身份、入学、择师等方面得以改变。

"学而优则仕"一直是传统中国社会对于读书的唯一功能解读,它引导读书人为之立志和献身,因而被奉为圭臬,读书与做官成为紧密联系的因果真理,因而,学被官垄断,教育仅限于在官宦子弟中击鼓传花般延续。到了宋代出现书院之后,书院教育的先行者们明确提出求学不是为了科举仕进,岳麓书院主教张栻说:"岂特使子群居佚谈,但为决科利禄计乎？岂使子习为言语文辞之工而已乎？盖欲成就人材以传道而济斯民也。"朱熹曾批评官学曰，"太学者但为声利之场"，于是在其《白鹿洞书院揭示》中说："熹窃观古昔圣贤所以教人为学之意，莫非使之讲明义理，以修其身，然后推己及人，非徒欲其务记览为词章，以钓声名、取利禄而已也"，明确其所创白鹿洞书院的办学宗旨，在于使学子明白义理，修身及人，而不以功名利禄为旨归。

相较于对先秦汉唐文化的重视，当代学者对于陕西书院的研究则稍显滞后，人们常把陕西文化积淀深厚的缘由，归因于多个王朝建都关中且军事强大、经济繁荣所达致的必然结果。值得怀疑的是，宋元明清时期江南地域远离京城，如白鹿洞书院、岳麓书院皆不在人声鼎沸的城市，但为何书院教育鼎盛不衰以至于对后代教育影响深远？由此即引出一个问题，在传统中国社会，文化教育的发达与厚重究竟和王朝的定都、军事、经济的强盛有多少必然联系？唐代以后，政治、文化、经济重心东移，陕西逐渐失去了它在中国政治文化的中心地位，先唐厚重的文化何以承载和赓续？书院为此所做的贡献亟待我们厘定和廓清。职是之故，本书勾画出陕西古代书院发展的脉络，对各个朝代文化传播过程中书院建立、学规、书籍的刻印及其学者们的相互交流、影响等进行了探讨，期冀挖掘书院在陕西地域文化的发展当中所担当的职分和做出的贡献，故成为陕西书院的一部简史。

本书采用了学界关于书院的共识，认为其源于私学和山林讲学，是私学的深化。宋代陕西书院的文献资料很少，故难以展开详细讨论。元代关中地区的书院较为兴盛。据我们考索，有文献记载的书院最少有10所，围绕这些书院，关中学者们相互切磋，学术交流频繁。一些著名学者在陕西各书院的讲学活动既推动了理学思想大盛，也促使新的书院兴办。此一时期的书院也开始官学化。明初由于政府发展官学，抑制书院，故在明初的近百年间，陕西书院没有得到相应发展。这一时期的书院与官学，呈现出此消彼长的特征。明代中期以后，陕西各处的书院发展较为迅速，新建书院的数量也随之增多，此一时期的讲学活动十分活跃，理学的新形式陆王心学主导了书院的学习。一批学者以陕西的书院为阵地授徒讲学,或者创办书院宣讲自己的思想体系。由于受三次禁毁书院的影响,这个时期的学规也严格规定不谈政治。书院的学风重简约,以理学为教学内容,书院的官学化进一步加强。

受明朝禁毁书院的影响,清初政府对书院深怀警惕,因而阻滞了陕西书院的发展。康熙亲政后,书院得到了鼓励,其在位中期的陕西书院也经历了由冷到热的转变,书院的创建和发展进入了全盛时期,书院管理也呈现出多样化的特点,书院的教学内容以通经致用为课业,为以后陕西学术流派的纷呈开了先声。清中期之后,书院发展使得学术流派林立,学术思想活跃。但由于没有新的学术领军人物出现,大都是因袭前说,书院的发展显露出衰败景象。清朝晚期,陕西的书院也曾短暂复兴。书院教学过程中由以前的汉学、宋学、今文经学三分天下,出现了汉宋合流的局面。西方的科学课程进入到陕西一些书院的教学环节,心理学也被应用到书院的管理中,但自书院改为学堂,即宣布书院教育的结束。

书院在承继和推动儒家"为己之学"和宋明理学思想方面的作用难以估量,其自由讲学风气的形成,其特立独行的"性格"使得教学形式和内容不断更新,创造性的思想不断涌现,也使其学术独立而有尊严,唯其如此,中国的人文传统因书院得以赓续,读书人的理想因书院得以实现。我们深信,随着学界对陕西古代书院文献资料的整理和深入研究,书院对于陕西乃至西北地区文化的历史作用与影响,将会被重新认识和评价。

一 唐代陕西书院／001

二 宋代陕西书院／005

三 元代陕西书院／007

四 明代陕西书院／010

五 清代陕西书院／025

六 陕西书院改学堂／083

七 附录：陕西书院资料选辑／095

一 唐代陕西书院

袁枚在《随园随笔》卷十四说:"书院之名起于唐,玄宗时,丽正书院、集贤书院皆建于朝省,为修书之地,非士子肄业之所也。"

唐代书院与后世人们所理解的书院,在概念上是不一样的。唐代的书院,是指政府修书、藏书之地。官方建书院,其功能是"掌刊、缉古今之经籍"。《唐六典》中记载说:"开元十三年(725年),改集贤殿修书所为集贤殿书院。有学士、直学士、侍讲学士、修撰官、校理官、知书官等。集贤院学士,掌刊缉古今之经籍,以辨明邦国之大典,而备顾问应对,凡天下图书之遗逸,贤才之隐滞,则承旨而征求焉。其有筹策之可施于时,著述之可行于代者,较其才艺,考其学术而申表之。凡承旨撰集文章,校理经籍,月终则进课于内,岁终则考最(考最:考评功绩)于外。"

《新唐书·集贤殿书院》:"学士、直学士、侍读学士、修撰官,掌刊缉经籍。凡图书遗逸、贤才隐滞，则承旨以求之。谋虑可施于时，著述可行于世者，考其学术以闻。凡承旨撰集文章，校理经籍，月终则进课于内，岁终则考最于外。"

由以上可知，书院的设立除了刊辑经籍，还要负责荐举贤能之人和提供建议，以供皇帝选择参考。这样看来，书院是唐政府的一个行政部门并具有从古史中寻找治国之策向皇帝咨询的顾问作用。

（一）书院侍讲

一些唐诗中显示书院也有"侍讲"功能，是指一大批博通经史掌故的学者、文士对皇帝的宣讲，是一种教者众、听者寡的教学方式。例如《全唐诗》所收录的君臣酬和诗作中，就有对侍讲活动的描述：

集贤书院成送张说上集贤学士赐宴得珍字

玄宗

广学开书院，崇儒引席珍。

集贤招衮职，论道命台臣。

礼乐沿今古，文章革旧新。

献酬尊俎列，宾至位班陈。

节变云初夏，时移气尚春。

所希光史册，千载仰兹晨。

张说《赴集贤院学士上赐应制得辉字》应和了玄宗，其受宠之时喜悦的心情溢于诗表：

> 侍帝金华讲，千龄道固稀。
>
> 位将贤士设，书共学徒归。
>
> 首命深燕隗，通经浅汉韦。
>
> 列筵荣赐食，送客愧儒衣。
>
> 贺燕窥檐下，迁莺入殿飞。
>
> 欲知朝野庆，文教日光辉。

这类诗歌虽然不多，但从其以上诗的内容来看，皇帝与文臣宴饮论道的场面足以说明了书院文风之盛。

（二）私人书院

据班书阁《书院兴废考》中考辩，唐代的私人书院计有十七所，陕西有一所，即蓝田瀛洲书院。

在唐代，私人书院是私学的一种。它以学术研究为主，以主讲者自己对经史的研读、理解和心得作为讲授内容，自成体系，讲学之地是自由进行学术活动的场所。但是，从前面的叙述之中，极少见到私学之所的名称，除了"精舍""精庐"之外，这种私学活动的地方，连个像样的名字都没有，也许正是唐以前的这种"私学无名"的大状况，催成了"书院"呼之欲出。

《全唐诗》诗题所涉及陕西的"精舍"约有：畅当《宿报恩寺精舍》，吕温《终南精舍月中闻磬声诗》，韦应物《善福精舍示诸生》和《沣上精舍答赵氏外生伉》，这些精舍的存在，至少说明了在长安一带,它既是寺院中的传经地,又被读书人用来命名自己的书屋。但其如何进而扩展为既读书又教书授徒的书院,我们无从得知。

蓝田县"瀛洲书院,在县治南,唐学士李元通建,明弘治时知县任文献重修。"雍正《陕西通志》对这一书院进行了记载,但进一步的说明却没有。

二 宋代陕西书院

据记载北宋时期陕西境内有两座书院,一是宋仁宗康定年间(1040—1041年)的肤施(今延安)嘉岭书院;一是临潼的白鹿书院。

据说嘉岭书院是范仲淹在延安时所建。而《临潼县志》载白鹿书院的创立是因为唐高祖曾经在此一带打猎,擒获过白鹿,于是有人于此建白鹿观,到了宋代,人们在此建白鹿书院,明代《陕西通志》中记载说陈希夷曾撰写过《白鹿书院记》。

北宋时期,也有一些人在家读书授徒。盛朗西在《中国书院制度》一书中说:"北宋诸儒,多讲学于私家,南宋诸儒,多讲学于书院。"一提起宋代关中的私学,首先就会令人想起开"关学"学派之先的"二张"。二张即张载、张戬兄弟。张载人称"横渠先生",是理学的创始人之一,因其是关中人,他所创立的学派人称"关学"。张载治学有着明确的经世致用的目的,主张治国必须利民,"为政者在乎

横渠书院

足民",其哲学理论核心"天地为本,人心为末",有物则有感,无物则何所感。因其哲学思想对中国哲学的贡献,后世以周、程、张、朱四派并称。关中学者,皆以张载为宗师。北宋时期,王安石实行熙宁新政,张载对变法持异议,遂告病归家,回到横渠,潜心著书立说和讲学。张载在横渠授徒讲学时,蓝田吕氏兄弟中的吕大钧、吕大临,武功人苏昞、长安人李复皆拜其为师,熙宁九年,张载赴洛阳与二程论学,苏昞同往,将三人言论汇录下来,题为《洛阳议论》。

三　元代陕西书院

元代时候陕西至少有九所书院，它们是：长安正学书院、鲁斋书院、乾州的紫阳书院、高陵渭上书院、三原学古书院、眉县横渠书院、凤翔岐阳书院、临潼居善书院、泾阳峨山书院。

元初杨奂名知章，字焕然，喜读书，以濂、洛诸儒自期，隐居户县柳塘讲学，士人称为紫阳先生。杨奂隐居讲学授徒之处，从学者上百人，书院植柳千株，有清风阁、读书堂。据考释，杨奂当初读书授徒的柳塘是私学的方式，而紫阳书院大约建于杨奂去世之后的元末。正学书院，是宋代关学创始人张载讲学处，蓝田吕氏兄弟吕大钧、吕大临曾受教于此，元代建为书院，并合祠张载、许衡及杨恭懿。长安鲁斋书院、三原学古书院、高陵渭上书院皆为元仁宗延祐元年至末年所建，时间跨度为七年。凤翔岐阳书院是天历二年（1329年），为元中期所建。临潼居善书院建于元至正年间（1341—1368

年），也是元末。

学古书院记

从元代关中这九所书院的性质来看，正学书院属官办。元初世祖时，著名理学家许衡号鲁斋曾任陕西儒学提举，元仁宗延祐元年，陕西行台侍御史赵世延请即奉元置鲁斋书院，故命书院名为鲁斋书院以资纪念。岐阳书院，天历二年时皇帝赐凤翔岐阳书院额，故亦应为官办。三原学古书院，由邑人李子敬创建。渭上书院和横渠书院也皆为民间设立。元代书院的这种民办性质为主的现象，说明了宋儒所盛行的讲学之风至元代仍然风行不衰,同时也说明元政府在对待宋儒遗老遗少们创立书院、授徒讲学的态度上非常开明。

元代的不少书院以建筑严整、规制完备、藏书丰富而著称。三原学古书院房屋、斋舍在百间以上,而其中藏书居然有二千五百卷之多。

祭祀也是书院活动的一项重要内容。祭祀对象以先儒、名贤或书院创始人为主。长安正学书院就合祠张载、许衡以及乡贤杨恭懿;鲁斋书院祀许衡等。据《三原县新志》"学古书院"记载:"在城西北隅,元延祐七年创建,奉宣圣及颜曾思孟像于内。"

入元以后,元代各书院都保留了宋代以来的传统,一直以教学与研究作为要务。许衡原是太极书院赵复的弟子,任陕西儒学提举,主事西安正学书院。"聚徒讲学期间,多造就。"关中大儒同恕主讲于鲁斋书院,传授儒学思想,门生近千人。

元人萧𣂏记学古书院云:"三原民李子敬暨弟子懋,以己钱五万缗筑室储书,号曰学古。……既落之,请乡先生悦古程君主之,慎独白君继之启迪。"远近跟从游学者百余人,循循然乐教不倦。程瑄号悦古,人称"悦古先生"。继程瑄之后,又有白慎独、张宏、胡贲等知名学者相继在此讲学。正如所有的书院一样,学古书院的创立,必然要在文化方面造福一方,而通过这些知识分子的传讲,影响着一批又一批人。所以,萧𣂏兴奋地说:"将俾此方之人新其耳目,涤其灵府,有以大变其风俗。庶乎,后之人为诗书家,志愿毕矣。幸有以教之也!"

四　明代陕西书院

(一)明政府的书院政策

明朝建立以后,朱元璋对臣僚们说:"学校之教,至元其弊极矣。上下之间,波颓风靡,学校虽设,名存实亡。"因而,在明初,政府坚持"世治宜用文"的文教政策,强力发展官学,加强科举取士,使官学得以空前发展。明初近百年书院备受冷落,陷入沉寂。

明宪宗成化年间至孝宗弘治年间(1465—1505年),因宦官势力扩大,政治腐败,官学和科举应试弊端丛生。官学学生"但取食廪年深者""只有资格""不讲学力""士风浇漓""不胜其滥"。故部分大臣和读书士子强烈要求朝廷"颁布明诏,广开言路,以振作鼓舞天下士气。"同时要开始恢复书院,以纠官学和科举之偏。

成化元年(1465年),白鹿洞书院旧址增建房舍,理学家胡居仁掌教事,郡人子弟相约其中,"名士弦诵其间,而风教始著",并立规约六条。岳麓书院被修复,使"百数十年丘墟之地,顿觏大观",经弘治七年、弘治九年屡次"辟道路,广舍宇,备器用,增公田,储经书",以使"振文教于湖南,流声光于天下。"

白鹿洞书院和岳麓书院的修复,为全国书院的复兴起到了示范作用。于是明政府一改抑制书院的态度,提倡建立书院。书院复兴也就此开始。

明朝建国一百年内,陕西仅有蒲城正学书院一所。成化年间,只有乾州紫阳书院和蓝田瀛洲书院被修复,其余书院的创建,均集中于弘治、正德、嘉靖、万历年间,崇祯年间有白水明德书院、洛川泰征书院和礼泉星聚书院。其中弘治年间新设书院12所,正德年间新建3所,嘉靖年建13所,万历年间建了13所。据统计,整个明代陕西新建、修复书院共有52所。

(二)明代陕西书院

明朝弘治时期开始兴起创建书院的潮流,一是由于政府的许可,更主要的是由一批热爱文教事业的乡绅贤达,慷慨捐资而形成的。

(1)弘道书院。三原王承裕,弘治六年(1493年)举进士,历任兵部给事、太仆少卿、正卿、南太堂、户部右侍郎,嘉靖年擢南京户部尚书。告归后,创立弘道书院,亲自讲学十余年。书院是在一座废

三原弘道书院

弃寺院中建起的。"其地袤四十,广十二"。书院的结构如下:"外为缭垣""垣门曰仰高",取意"对南山而仰止"。"重门曰恭敬""门内为小垣三",其门中曰中立,中立门内为弘道堂,后为考经堂,在考经堂的后面是"春光亭"。"弘道堂之东荣为庖",即厨房,"西门库",即库房,"堂前东西建学舍各十一楹"。"考经堂前东为清风轩,西为明月菴,门曰忠孝堂。"稍后东北隅为清谷草堂,西北隅为嵯峨山房,"草堂之门曰卧云,山房之门曰立雪"。"忠孝门前东西为夹道,辟门以通于学舍,东曰逊志,西曰省身,草堂前石池,涤砚久之,墨凝,池面如云,曰云沼。仰高门之内树以梓树,中立门及学舍以桧,忠孝门内考经堂前以松柏与竹,草堂山房春光亭之前以牡丹、莲、菊、梅,考经堂后独植杏。"

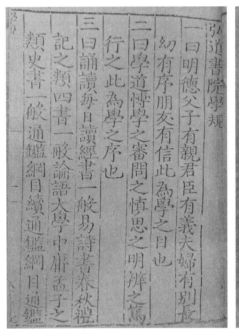
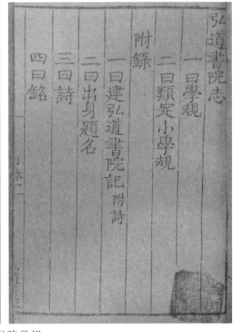

弘道书院学规

王承裕的门下弟子有秦伟、马理、雒昂等。尤其是马理,深得关洛之真传,有"今日横渠"之美誉。朝鲜学者以马理、吕柟为中国第一流学者,马理与高陵人吕柟、大荔韩邦奇以及李梦阳被称为"关中四先生"。起初,"假僧以居,题曰'学道书堂',君(王承裕)堂后自构一室曰'弘道书屋'。始君举进士,即侍父太宰公归,诸生秦伟、刘德学、马理……雒昂辈从之学……复以疾归,从者益众,秦伟谋于众,欲作书院,锓疏遍告于里人之富而好礼者,商贾之游于其地者,鸠缗钱若干……遂白于官而肇工焉。"这样,一个书院建立时的初期建筑经费就得到了保障,并使书院很快竣工开始授徒讲学。为补足生徒阅读书籍,王承裕出书数千卷储之,自己给书院捐赠图书。

(2)弘治八年(1495年),陕西提学副使杨一清等建立武功绿野书院,"择士子充于中以训导,赵文杰为之师,规约大率与白鹿、睢阳类。时西安、凤翔诸生,闻风踵至,公时坐堂上督劝之,飒飒乎道学之流行也。"

(3)弘治九年(1496年),提学王云凤修复陕西西安正学书院,"建书楼于正学书院,广收书籍,以资诸生诵览。"

(4)蓝田秦关书院,是知县梁一道为博士王之士建。因王之士号秦关而得名。

(5)明代关中最有名的书院,当推万历十二年(1584年)创建的、冯从吾讲学其间的关中书院。

万历二十年(1592年),陕西著名学者、御史冯从吾因疏忤神宗罢官归里后,与友人萧辉之、周淑远在西安宝庆寺讲学多年,弟子日众,而寺地狭隘。万历三十七年(1609年)十月,陕西布政使汪可受,按察使李天麟等人及副使陈宁、段猷显,为冯从吾另于宝庆寺之东小悉园处创建关中书院。书院中建讲堂六楹,题匾名"允执堂"。

冯从吾《关中书院记》云:"书院名关中,而匾其堂为允执,盖借关中'中'字,阐允执厥中之秘耳。""左右各为屋四楹,皆南向若翼;东西建有生徒宿舍号房各六楹。堂后假山一座,三峰耸翠,宛然一小华岳也。堂前方堂半亩,竖亭于中,砌石为桥。"三年后,新任布政使汪道亨于书院建"斯道中天阁"一座,以祀孔子。至此,书院已初具规模。冯从吾等人在关中书院宣讲儒家思想,昌明理学,影响所及,四川、甘肃、河南、湖北等地学子皆负笈前来求学。

明代陕西书院一览表

年代	新　建	修　复
洪武—宣德		
正统	蒲城正学书院	
景泰—成化		蓝田瀛洲书院 乾州紫阳书院（成化四年）
弘治	榆林榆阳书院　三原弘道书院（元年）　延安育英书院　陇州岍山书院　蓝田芸阁书馆　三原嵯峨书院　武功绿野书院　延安龙溪书院　扶风多贤书院　西山书院　丽泽书院　泾阳集贤学堂	三原学古书院（元年） 西安正学书院（元年） 延安嘉岭书院（十七年）
正德	蒲城崇理书院　高陵东林书屋（八年）户县书院	凤翔岐阳书院
嘉靖	耀州文正书院（二年）　周官崇正书院（八年）　沔县龙冈书院（三十一年）　商州商山书院　高陵北泉精舍（十七年）岐山文宪书院（七年）　富平新城书院（九年）　周至集贤书院（三十二年）　华州华山书院　高陵云槐精舍　高陵泾野书院　渭南湭西书院　渭南姜泉书院	
隆庆	合阳西河书院	
万历	西安关中书院（十二年）　华阴太华书院　铜川问以书院　凤翔鸡山书院　安定敬学书院　延绥兴文书院　户县明道书院　华阴四知书院　旬邑乐育书院　乾州文明书院　岐山崇德书院　延安云岩书院　潼关明新书院	
泰昌—天启		
崇祯	白水明德书院（十二年）　洛川泰征书院　礼泉星聚书院	
弘光—永历		

(三)明代陕西书院的讲学

明代的书院讲学内容,受王阳明和湛若水思想影响较大,明代陕西书院的讲学活动及学术思想以吕柟、马理和冯从吾为代表。

1. 吕柟的讲学与思想

吕柟字仲木,号泾野,高陵人,生于明成化十五年(1479年),卒于嘉靖十一年(1542年),正德三年举进士,历任经筵讲官、南吏部考工郎、礼部侍郎等职,吕柟立朝持正,敢于进谏,后辞官归家。早年潜心于理学,弘治十四年(1501年)中举之前,他已经在家乡"搆云槐精舍,聚徒讲学其中。"正德八年(1513年),吕柟创建东林书屋,据《关学编·泾野吕先生》载:"归而卜,筑邑东门外,扁曰:东郭别墅,四方学者日集……,远方从者弥众,别墅不能容,又筑东林书屋居焉。"吕柟一直致力于授徒讲学。《泾野子内篇》(以下简称《内篇》)中的《云槐精舍语》和《东林书屋语》即这个时期的讲学语录。

吕柟一生在政治上建树不多,为官南北各地,所至讲学,名声很大。他的讲学活动与王阳明、湛若水等人齐名,门徒众多,堪称一代宗师。

吕柟著作很多,最主要的是讲学语录《泾野子内篇》27卷。另外还有《泾野先生五经说》21卷,是问答体著作;《四书因问》6卷,由吕柟门人魏莹编纂,收集吕柟在各地讲学中有关《四书》的语录,按《四书》次第分卷排,有些内容与《内篇》重复;《宋四子抄释》21卷,是从宋代周、程、张、朱四家著作中选辑的精选本;《文集》,一种为《泾野集》36卷,另一种为《泾野文集》38卷;8卷本《续刻吕泾野先生文集》是38卷本《泾野文集》的后续本。另外,有《史约》和数种方志等。

在长期的讲学过程中,吕柟对理学的基本理论问题都有自己的观点和研究,他坚持"理气不可分",反对朱熹"理生气"的学说。他认为,道德实践是儒学精神的精髓。因此用思辨的方式,从推理的途径去把握儒学精神,必然陷入异端邪说之中。吕柟曾经与王阳明的弟子邹守益多次争论"知行"说,反对"知行合一"说。他认为,"知行合一"是"以知为行",这种理论抹杀了"行"的地位,亦即用认识代替实践。他始终坚持"必知先而行后",吕柟在明儒中以"尚行"著称。冯从吾在总结吕柟的学术思想时说:"盖先生之学,……重躬行,不事口耳。"倡导躬行实践,以"尚行"为学术主旨,使得吕柟在陕西学术历史上自成一家。

儒家的学术思想其精髓就是鼓励人要积极用世,它本来就是关于人生、社会和政治的学说。吕柟说:"学者虽读尽天下之书,有高天下之文,但不能体验,见之躬行,于身心何益?于世道何补?……"唯其如此,吕柟把儒学的精神实质看作是实践问题,要理解领悟儒家精神,必须身体力行。因而,他慨然以作士变俗为己任,他在东南之地九载,"海内学者大集,初讲学于柳湾精舍,既讲学于鹫峰东所,后又讲学于太常南所,风动江南,环向而听者前后几千余人。"

吕柟所倡导的"躬行",主要是指日常行事要恪守礼教。吕柟日常行事"一切准之以礼",他也要求学生在应接上下、穿衣、住房上严守礼教:"若有一等人,所讲者是一样,看他穿的衣服、住的房屋又是一样,这便不可信他。若所讲者如此,穿的衣服、住的房子也是如此,这个人一向这等去,何患不成。"他推崇前人的躬行,也是指在平时的行为中要依照礼教行事,"昔者朱子送蔡元定,赤足过山,血出不顾,岂非躬行君子哉",这种精神为他所称道推崇。

吕柟的"尚行"思想在学术史上也具有价值,理学的空谈"性命"、轻视行事是其自身长久以来的积弊。对于这种积弊,理学自身并没有意识,也不能自行革除。为了学空疏,言行相违成为一种有害的学风。到了吕柟时代,王阳明心学已经风靡南北,"致良知"和"知行合一"的学说深入人心。《明儒学案》说,当时的学者都"阳明先生讲良知之学,本以重躬行,而学者误之,反遗行而言知,得先生(指吕柟)尚行之旨以救之,可谓千钧一发"。吕柟以书院作为道场,传播自己的思想,对于关学进行了梳理和发展,丰富了陕西的学术思想。

2. 马理的讲学

与吕柟齐名海内外的另一个人物是马理,马理曾追随王承裕就学于弘道书院,"一切体验于身心,进退容止,力追古道",人称"今日横渠,学者多从之游"。督学为之建嵯峨精舍,并在精舍记中盛赞马理"得关、洛真传,为当今硕儒","四方学徒就讲者益重,其教以主敬穷理为主,士无问少长与及门不及门,无不闻风倾慕者"。马理七十岁时归隐于商洛商山书院,但隐居并未使他清净,反而"名益重,来学者远近踵集,缙绅过访与海内求诗文者无虚日"。

3. 冯从吾与关中书院

万历年间的关中书院,冯从吾任山长,他邀请名儒前来讲学,三原温予知在关中书院专讲性命之业。也专以朱熹所倡"心性"学说

宝庆寺塔

为主。《冯恭定公集卷十二·关中书院语录》记述书院允执堂中间有这样的话:"纲常伦理要尽道,天地万物要一体,仕止久①速要当可,喜怒哀乐要中节,辞受取与要不苟,视听言动要合礼。存此谓之道心,悖此谓之人心。惟精精此者也,惟一一此者也,此之谓允执厥中,此之谓尽性至命之实学。"由此可知关中书院所讲的"纲常伦理""道心""人心",就是程朱理学。

关中书院门前冯从吾塑像

① 久:同"九",异体字。

明代嘉靖以后,"讲会"风行于各书院,关中各书院的讲学活动也很活跃。

冯从吾,字仲好,号少墟,长安人。生于明嘉靖三十六年(1557年),卒于天启七年(1627年),其父冯友深受王阳明心学影响,在他九岁时,即为他书写王阳明"个个人心有仲尼"的诗,鼓励他学习王氏为人。二十岁以后,入"正学书院",随提学副使许孚远学习心学。

万历十六年(1588年),乡试中举,翌年及进士第。选庶吉士,改御史。由于神宗时期的朝政弊端丛生,冯从吾上疏,指出皇帝过失,获罪被廷杖,因过长秋节被免,名闻天下。后辞官还乡。此后,他长期退居林下,研讨学术,著书立说,讲学授徒。中间虽短暂复出,旋即归里。他虽九年独处斗室,足不出户,"借养病谢亲知交游,一意探讨学术源流异同"。几度讲学于宝庆寺,执经问业的学者与日俱增,后来地方官专门在寺东建置"关中书院",作为他们会讲的场所。

天启元年(1621年)起用为大理寺少卿,第二年又任用为左佥都御史,升任左副都御史。当时朝政紊乱,冯与同僚邹元标、曹于汴、高攀龙等人相约,于京师城隍庙会讲,传播理学,一时间听者云集,庙院无法容纳众多的听众,为此,他们又共同商议,建"首善书院"作为讲学的道场。冯从吾把讲学作为拯救世道人心的途径,为"发明人性本善、尧舜可为之旨,以启斯人固有之良,冀以作其国尔忘家、君尔忘身之正志,兼欲借此联络正人同志济国也",以此传扬理学。

冯从吾与邹元标等人在京师讲学,其开坛论道之处"首善书院"声名很大,促使了关中理学思想的集大成。清初关中学者李颙说:"关学一脉,张子(张载)开先,泾野(吕柟)接武,至先生(冯从吾)而集其成,宗风赖以大振。"总结了宋明时期关中理学的发展变化脉络。

冯从吾虽受学于许孚远,没有株守师说,而能兼采诸家之说,形成自己的理论体系。其及门弟子中进行书院会讲的有同州(今大荔)白希彩,联络同道,结会讲学,以老师冯从吾所授学术互相琢磨砥砺,传扬冯从吾的学说。

冯从吾对于关中心学体系的形成起着关键作用,关中心学到了冯从吾已经达到全盛,弟子众多。清初李二曲受冯从吾学术思想的启迪,创立了体用全学。

(四)明朝四毁书院对陕西书院的影响

明代末期,政府先后四次颁布诏书,禁毁全国书院。第一次是嘉靖十六年(1537年),第二次是嘉靖十七年(1538年),第三次是万历七年(1579年),第四次是天启五年(1625年)。

嘉靖十六、十七年的书院灾祸之后,陕西仍有不少书院建立:嘉靖十七年高陵北泉精舍建立,三十一年沔县龙冈书院建立,三十二年建周至集贤书院,嘉靖三十五年建华州华山书院,渭南姜泉书院也在书院之祸后建立。而在张居正万历七年禁毁书院以后,万历三十年,关中书院建立,万历三十六年建太华书院,万历四十年建华阴四知书院,万历四十六年建同官问以书院;万历十三年,商州商山书院由原城北移于本邑东龙山下;万历十二年乾州文明书院,十七年安定敬学书院,十九年岐山崇德书院,三十二年延续兴文书院和三水乐育书院,绝大部分都在三次书院之灾以后尤其是在万历十年(1528年)张居正死后设立。

在整个明代,陕西新建立的书院数字,几乎以嘉靖年间所设最多。崇祯即位后,魏阉人自杀身亡,《东林书院志》卷一载:"崇祯改元二月,御史刘公士佐请复天下书院,奉旨各处书院宜表彰者,著提学官尽行修复。"崇祯年间,陕西新建两座书院,白水明德书院和洛川泰征书院。书院创建繁茂,但经三次打击,国内一些书院在讲学中极力不谈政治。冯从吾在宝庆寺讲学时,即制订宝庆寺学会约,规定"讲论勿及朝廷利害,官长贤否,政事得失,毋及各家门私事与众人所作过失及词讼请托等事"。

(五)明代书院的官学化

在明代,书院大多为官办。我们在宋代看到的官学与书院的此衰彼长之关系,到明代则是官学兴,书院兴。到了隆庆、万历时期,书院已成为主要的教育机构,吸收原由官学所承担的任务,改以考课为主,以培养科举人才为终极目的。

我们在前面论及弘道书院在弘治至嘉靖时期有四十二名学生

中举之事,亦说明弘道书院早在其初建之时就把考课作为其办学方向和目的。万历四十六年(1618年),陕西同官知县刘泽远建问以书院,"在文庙东南,讲堂三楹,左右书房十间。时课士于其中,是岁,士果登科"。而极负盛名的关中书院,亦以考课为主。

天启、崇祯时期,政治腐败,天灾连年,对辽战事日益扩大,书院凋敝。天启五年(1625年),魏忠贤矫诏尽毁书院,相当一批书院被强令拆除,魏忠贤死后,政府下令恢复天下书院,全国新建不及百所,但由于李自成、张献忠起义和关外清军的内外夹击,明王朝已如风中之烛,无力顾及书院之事了。

大多数书院都毁于兵燹。

五 清代陕西书院

(一)清初书院政策和陕西书院

顺治元年(1644年)世祖入关,定都北京,逐渐统一全国。清政府初建立时,为了消灭南明复国情绪,害怕书院广聚生徒,讽议朝纲,裁量人物,所以对书院采取抑制的政策。但是,为笼络汉族知识层人士以建立统治,顺治二年开始,清政府连年开科取士,同时,适逢开国初期,一些汉族官员也建议恢复和建立书院,这样,至顺治九年时,全国修复和重建书院共14所,新建书院11所。

鉴于明中期以后,各地府州县学除督率诸生于朔望及春秋二丁举行祭孔典礼,值岁科两试造具生童名册上之督学使者和办理本地诸生帮增补廪、举优出贡等事务性工作外,并无教学职能。因而,政府规定:"每乡置社学一区,择其文义通晓、行谊谨厚者补充社师,免其差役,量给廪饩养赡。提学按临日造姓名册申报查考。"在此规定下,一批旧有书院被改为社学、义学。随着政权的加固,书院禁令也有所松动。顺治十四年,皇帝从巡抚袁廓宇之请,下令修复衡阳石鼓书院,由此而下,书院数量开始增加。终顺治一代,全国修复和重建前代书院61所,新建45所。其中,陕西有4所新建书院,它们是:宜川端泉书院(顺治四年,1647年)、渭南五凤书院(顺治五年,1648年)、兴平槐里书院和彬州紫薇书院。

康熙时代,社会已经趋于平稳,而一些政府官员发现,百姓如同火山:"丰稔之岁,则相与赌博酗歌,沉湎荒淫,流荡而忘返;饥凶之年,则但见鸠形鹄面,扶老携幼,逃散而无归。人民流离,田地荒芜,盗贼窃发,狱讼繁兴。"因而深感"官斯土者,其可不急为早办详求其故,以期力挽颓风而尚泄泄从事乎?"于是,从康熙初年开始,各地官绅自发兴办书院者逐年递增。到康熙二十年(1681年),各地新建102所,修复重建85所。

康熙亲政不久,即开宴日讲,积极学习儒家经典、历史和其他知识,由此而知道了儒家之言对于治国平天下的功用,于是"崇儒重道"。此时,由政府一直鼓励的社学也走上了末路。由于社学是由政府提倡兴建起来的,在这一行政命令的实施过程中,盲目一哄而起而良莠杂存,因而,一旦政令改变,其命运也必然是一哄而下。在政府和人们的眼中,所谓社学,"不过择一老缝掖督肆市十数童稚,于簧官廊宇殿角之间,句读《千文》《百姓》而已"。鉴于此,康熙二十五年,清朝政府下令:"社学近多冒滥,令提学严行查革,"并提倡兴办义学。同时,对于书院,康熙帝"特命各省并建书院"。除此之外,他还向各地书院赐额、赐书达十六处。在此影响下,各省督抚纷纷在省城建立书院,或发金置田,檄令下属州县建立书院。知府以下官吏闻风而动,置办学田,招收生徒,延聘名师,建立书院。有些官吏利用政余,赴书院讲学;有些官吏对知名学者倾慕已久,为了提高本地书院声望,卑辞重礼,诚邀其到辖内书院讲学。如江苏常州知府骆钟麟师事关中大儒李颙,将其迎接至辖内,"所属五邑皆设皋比明伦堂,次第会讲。注籍及门者至四千人,一时故老咸咤为百年未有之盛事"。更有人作诗赞云:"斯文幸未丧,绝学起关西。逊矣李夫子,南游震群迷。"

根据白新良著《中国古代书院发展史》统计,顺治一朝,陕西有4所新建书院:宜川端泉书院(顺治,1647年四年),渭南五凤书院(顺治五年,1648年),兴平槐里书院和彬州紫薇书院。康熙时代陕西新建书院7所:户县二曲书院(康熙三十年,1691年),临潼横渠书院(康熙三十七年,1698年),韩城少梁书院、韩城萝石书院(康熙四十二年,1703年),韩城龙门书院(康熙四十四年,1705年),华阴仰华书院(康熙五十一年,1712年),西乡丰宁书院(康熙五十四年,1715年),华县华山书院。修复前代书院共5所:延安嘉岭书院,西安关中书院(康熙三年,1663年),商州商山学院(康熙二十四年,1685年),西安正学书院,潼关听凤山书院。

（二）清初陕西书院的恢复和发展

关中书院

1. 关中书院的恢复和发展

明万历三十七年(1609年)，天启初年，宦官魏忠贤矫诏禁毁天下书院，关中书院被废。康熙五年(1666年)，西安知府叶承桃在万历年间名儒冯从吾"联友会"讲处(在宝庆寺)旁小悉园重建关中书院，扩大了院基，大门移为南向，外建石牌坊，上书额为"关中书院"，大门一楹，内凿活水池，形若半璧，其上架桥，东设东廨为讲学名公寓所；西设西圃。池北竖小坊，匾额为"绍往开来"。再北设二门、三门各三楹，中建精一堂、左右胁堂等建筑。东西列有号房各五十间。

康熙四十一年（1702年），关中书院被用为督学使署，成为当时教育行政长官的办公机关。康熙六十一年（1722年），督学改住三原，关中书院重新恢复，并将正学书院并入，扩大了规模。雍正十一年（1756年），御赐书院"秦川浴德"匾额。乾隆三十六年（1771年）巡抚毕沅莅任之初，认为："移风易俗，教化之先"，重视教育，重新修建关中书院，并延请江宁进士戴祖启来陕主持关中书院，且在全省选拔优秀生徒来书院学习。不数年，众生徒学有所成，乡试时，一时称为盛事。嘉庆、道光年间，书院仍屡有增修。

关中书院允执堂

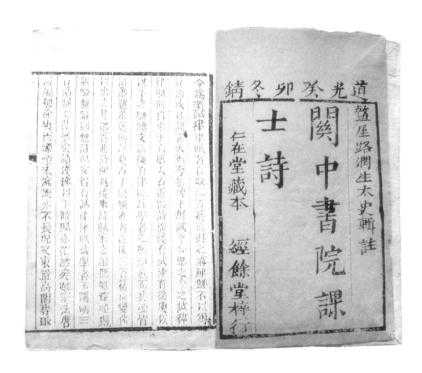

周至路德辑注关中书院课士诗

咸丰、同治年间,因连年兵灾,教育荒废,关中书院如同关闭。同治十二年(1873年),布政使谭钟麟重整关中书院,参照朱子白鹿洞书院规章和章程设置,修订了书院的课程,提出了重躬行、讲经义、稽史事、通时务、严课程五则办学要求。光绪七年(1881年),巡抚冯誉骥于院内设立"志学斋",选拔高才生入斋学习。几年后,按察使黄彭年会同布政使曾龢,为书院增建斋舍,并广购珍贵图书,供师生借阅参考。书院规定,设山长一人,由抚台聘请,掌管教务;监院一人,专管庶务;斋长二人,代表生徒,协助书院管理。课程有经、史、子、集,考课有诗、古文、词、八股试帖、策论、杂著等。每月一官考,分月由大吏来主考。成绩优秀被列为超等、特等的给予奖励。此外,每月课堂测试二或三次,由山长主考,成绩优异的给予"膏火"生活津贴而无奖赏。肄业生员,根据学业成绩可举为贡生、廪生和庠生。关中书院的经费旧有生息银三千一百九十余两,另由粮道每年补贴经费三千两。到光绪二十九年时,陕西巡抚升允改关中书院为陕西第一师范大学堂。

2. 正学书院的恢复和发展

在府城长安县治东南,宋代关学流派创始人张载讲学处,蓝田吕大钧等受教于此而得其真传。元代建为书院,合祠张载、许衡及乡贤杨元甫,朝廷赐以经籍,拨给学田。后废弃。书院祠堂渐为兵民所占取。明弘治九年(1496年)提学副使杨一清易地再建。所建划为三区,中为祠堂,左为提学分司,右为书院。其旨在于宣扬宋代周、程、张、朱理学,"崇祀先贤,表彰正道,以风励学者"故名正学书院。书院四周环筑垣墙,门两重,左右为学习的斋舍,堂后为会馔之所。弘治(1488—1505年)年中,提学王云凤于正学书院中建书楼,广收书籍以资诸生诵览。[乾隆]《西安府志学校志》:"嘉靖中,士趋诡异,督学唐龙复新书院选士,肄业其中。划其奇靡,而约诸理道,其所登进多为名臣。"清康熙年间,正学书院并入关中书院。

(三)清初书院讲学状况和陕西名师讲学活动

顺康时期,书院所呈现的学术状况的特点是:在讲学形式上继承了旧有的讲会制度,自由讲学之风盛行,名师迭出,学术思想活跃。

讲会制度是南宋理学大师们宣讲自己学术思想和主张的重要方式。明代中叶,"阳明学"也是以讲会作为主要方式而迅速发展传播的。虽有明朝后期张居正、魏忠贤对书院的禁毁和打击,但是,讲会之风依然未灭。清朝初期,由于"崇儒尊道",各个流派的学者皆在书院中利用讲学以扩大本流派的影响力。书院讲会之风复又盛行。

各地讲会的形式为:依自愿结合之原则,书院之间成立讲会;会有会宗、会长、会正、会赞、会通各职,以管理会内事务;讲会分月会和大会两种:月会每月一至两次,大会每年一次,一般皆在本学派创始人生辰或忌日举行,会各三日。讲会开始时,一般先举行隆重的祭祀典礼,再由本次讲会的主持人讲四书五经之任一章。此后,按序互相辩驳问答。凡与会者,各虚怀以听。为了办好讲会,许多书院主持人制定会约、学程、院规等,对前来讲会或就学的士子的学习方式、学习步骤和注意事项也一一做出规定。

李颙,字中孚,学者称其为"二曲先生",周至人,生于明代天启年,卒于清初康熙时期。康熙五年(1666年),西安知府叶承祧在万历年间名儒冯从吾"联友会"讲处(在宝庆寺)旁小悉园重建关中书院,礼聘李颙讲学,被李拒绝。清康熙十二年(1673年),总督鄂善复修关中书院,再次邀请李颙主持书院,李颙再三推辞后方才就聘。李颙登台讲学之初,一时"德绅名贤、进士举贡、文学子衿之众,环阶席而侍,听者几千人",甚至总督鄂善和陕西巡抚等其他官员也前来听讲。这是关中书院自冯从吾讲学之后的再度复兴。

李颙执教关中书院后,为书院制订十条会约、八条学程。对书院讲学的时间、礼仪、次第、方法、内容、目的以及就学士子每日必修的学习课程等,都做了明确的规定,并强调书院以"讲学"为其宗旨。他认为:"立人达人,全在讲学;移风易俗,全在讲学;拨乱返治,全在讲学;旋乾转坤,全在讲学。"在学风上,李颙明确主张实行"明体适用"之学。要求学生做到文武兼备,博览群书,"上至天官、舆地,以及礼、乐、兵、农、漕屯、选举、历数、士卒、典籍",无所不读。为此,他给学生开了"明体"和"适用"的两类书目。在明体一类所开书目有王畿的《龙溪集》、罗汝芳的《近溪集》、杨简的《慈湖集》和陈献章的《白沙集》,此后再列二程、朱熹、薛瑄、吴与弼,直至冯从吾等程朱学者的著作。在适用一类所开的书目有《大学衍义》《文献通考》《实政录》《武备志》《农政全书》《泰西水法》《四书反身录》等十余种书籍。同时,他还要求学生"实修实证",达到"开物成务,康济群生"。希望学生学会"用兵",因为经世之法,莫难于用兵,学者只知读书,对军事一无所知,造成民族沦丧受辱。

李颙在主持关中书院期间,以倡明关学为己任。关学是宋明理学中的一个重要学派,自北宋张载开启,经明中期吕柟的复兴,最后由冯从吾集其大成,成为源远流长的理学学派。然在明清社会更迭之际,宋明理学已失去了以往的活力,作为宋明理学中的重要学派的关学,也后继乏人。为此,李颙通过介绍关学先哲如冯从吾、张舜典等人的学术思想,刊刻他们的著作,利用自己大儒的声望,不遗余力地表彰关学。在李颙的主持下,清初的关中书院繁荣复兴。

史调,字勺五,号复斋,华阴人,教授生徒,后延掌关中书院,归回后,主讲于临潼横渠书院。

(四)李颙制订的《关中书院会约》和《关中书院学程》

李颙主讲关中书院时,为书院制定的《关中书院会约》和《关中书院学程》,代表了这个时期的陕西地区的书院的管理方法和水平。

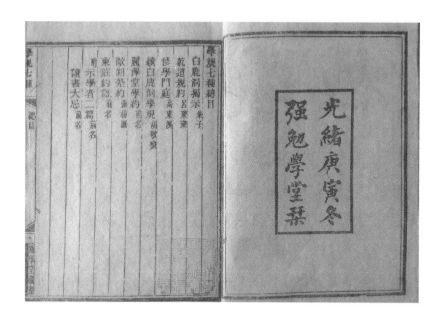

学规七种

學規七種

三原賀瑞麟復齋纂輯　高平強濟川仁荕刊

白鹿洞揭示　朱朱子

父子有親　君臣有義　夫婦有別　長幼有序　朋友有信

右五教之目 堯舜使契為司徒敬敷五教即此是也學者學此而已而其所以學之之序亦有五焉其別如左

博學之　審問之　慎思之　明辨之　篤行之

右為學之序 學問思辨四者所以窮理也若夫篤行之事則自修身以至於處事接物亦各有要其別如左

言忠信行篤敬　懲忿窒慾遷善改過

右修身之要

正其義不謀其利　明其道不計其功

凡有疑專區同記錄同志異時相會各出所看及所疑互相商確仍手書名於冊後

凡質于滿役戲謔武母得互相品題高自標置姿分嘲詢誥母褻母讒母妄母稀小恬非加東大之類 皆是後話凡無益之該皆勿及其讒士謀棄非不常非武辱非如赦非伎嬉皆在所禁自非父母親戚事及自應酬之間非徒學之所急其餘自可闕廢

母親年五年

母得干謁役戲謔武 親在別居 六年
親沒不葬火葬者同
因讒昏娶主家者
宗族諂則
侵攘公私擅告詞訟
遊蕩不檢
盜藥湯屋同
並除籍仿陽報諸州在籍人

右同志遇屋移書相報

不修士檢鄉諭不齒者同志共損之
肄業當有常日紀所習於簡多寡隨意如遇有辭釋業亦書於

乾道規約

《关中书院会约》规定：

(1)每年四仲月一会讲,讲日午初击鼓三声,各具本等服帽,同诣旨圣前四拜礼,随至冯恭定少墟先生位前,礼亦如之。礼毕,向各宪三恭,然后东西分班,相对一揖就座,以齿为序；分不可同班者,退一席。讲毕,击磬三声,仍诣至圣前,肃揖而退。

(2)先辈开讲,恐学者卒到气浮,必令先斋戒三日,习礼成而后听讲,先端坐观心,不遽与言。今吾辈纵不能如此,亦须规模静定,气象安闲,默坐片晌,方可申论。

(3)先辈大堂开讲,只统论为学大纲,而质疑晰惑未必能尽,盖以大堂人士众多,规模宜肃,不肃则不足以镇浮嚣,定心志。私寓则相集略少,情易孚,意易相契,气味浃洽,得以畅所欲言。吾辈既效法先觉,不可不循其渐次,大堂统论之外,如果真正有志进修,不妨次日枉顾容寓,披衷相示,区区窃愿,谬竭愚悃,以效朦瞽之诵。

(4)先辈讲学,大儒品是圣贤,学是理学,故不妨对人讲理学,劝人学圣贤。容本昏谬庸人,千破万绽,擢发难数,既非卓品,又无实学,冒昧此处,忝颜实甚,终不敢向同人妄谈理学,轻言圣贤。惟愿十二时中念念切己自反,以改过为入门,自新为实际。诸同人质美未凿,固无过可改,然盛德大业,贵乎日新,亦不妨愈加淬砺,勉所未至。

(5)吾人苟能奋志求新,痛自洗涤创艾,不作盖藏,方始有益。昔齐宣王自谓好勇好货好色,肯将自己所受之病,一一向孟子面前陈说,毫无隐讳,所以孟子倦倦属意于王,以为足用为善。譬之病人,不自讳忌,肯将自己病源一一述出,令医知其标本所在,药始中病;苟为不然,即有万全良剂,亦何补哉？今吾人相聚切磋,慎勿蔓衍泛谈,所贵就症言症,庶获见症商症,以尽忠告之益。

(6)晤对之余,各宜打并精神,默坐澄心,务令心澄神怡,表里洞然,使有生以来一切嗜好、一切外慕及种种技能习气,尽情融消,洁洁净净,无一毫牵缠粘滞,方有入机。

(7)用力吃紧之要,需着着实实,从一念独知处,自体自认,自慎几微,此出禽人,安身立命之大关头也。此处得力,如水之有源,千流万派,时出而无穷矣。若只在见解上凑泊,格套上摹仿,便是离本逐末,舍真求妄,自蔽原面,自梏生机。

(8)语称"疑思问"。《中庸》谓:"有弗辨,辨之弗明,弗措也。"吾人苟真实刻苦进修,则问与辨又乌容已;譬之行路,虽肯向前直走,若遇三岔歧路,安得不问？路上曲折,又安得不一一辨明？故遇歧便问,问明便行,方不托诸空言。若在家依然安坐,只管问路辨程,则亦道听途说而已矣！夫道听途说,为德之弃,吾人不可不辨。

(9)迩来有志之士,亦有不泥章句,不堕训诂,毅然以好学自命者。则又舍目前进步之实,往往辨名物,徇象数穷幽索大,妄意高深。昔人所谓:"自笑从前颠倒,见枝枝叶叶外头寻。"此类是也。吾辈宜深以为戒,要在切问近思,一味着里。

(10)静能空洞无物,情惊浑忘,而征之于动,犹有渗漏,终非实际,故必当机触境,此中莹然湛然,常寂常定,视听言动复礼,喜怒哀乐中节,纲常伦理不亏,辞受取予不苟,富贵贫贱一视,得失毁誉不动,造次颠沛一致,生死利害如常。如是则动静协一,体用兼尽,在一家表正一家,在一乡表正一乡,在一国表正一国,在天下表仪天下。为法于天下,可传于后世,方不枉今日来书院,群聚切劘。否则一行玷缺,便亏生平。不但明为人非,幽为鬼责,即反之自己灵明,亦觉气馁神歉,蹴踖弗宁;且贻口实于无穷,曰:此关中书院平日志学之人也,今乃如是。是学之无益于人也。其为学脉之蠹,孰大于是?吾侪慎诸。

以上数条,躬所未至,姑诵所闻,窃比工瞽,诸同人倘不以人废言,愿与共勉之。

李颙制定的《关中书院会约》所约定的内容,把对书院的先辈冯少墟的祭祀放在首位。祭祀在古代书院之中是一项不可或缺的仪式,通过对先贤的顶礼膜拜,要使学生不能忘记自己所传习之学的门派开创者,牢记先贤的开山学术之功,时时怀着感恩的心学习,并立志成为圣人,以使自己能够垂范后世。此后,会约从大的方面规定了开讲之前的休息、准备事宜,然后依次说明:讲会的内容是统论,即就是一种大的宏观式演讲;通过讲会,学生要敢于承认自己的不足,不可不懂装懂;要摈弃一切浮华和诱惑,潜心学问;对于难以理解之处,要下功夫研究体味,不可舍本逐末;对于学问有不理解的地方,要与人辨析求问,杜绝道听途说。

清朝时期,陕西书院的学规内容方显得完备。学规的内容特点概略如下:首先是确立办学宗旨,宣教书院教育的目的和方针,为求学生徒制订学习方向,同时也为同仁们树立一个比较明确的目标,通过书院的学术思想训练,以期培养学子高远理想;其次就是规定砥砺品行、修身养性的过程方式,以圣人为榜样,从理论和道理方面阐述和分析劝说,并注重圣人的言行修为与个人日常行为的比附与实践,以帮助生徒们达致圣人境界;第三,标示出读书、治学、为圣的路径方法,这些方法多为山长、主讲或学界名人的经验体会,既有正面的谆谆教诲,也有反面的警戒棒喝,其发言深远,字字心血,令人动容。

李颙制定之《关中书院学程》,就包含了以上特征,尤其是从第三方面入手制订了学程:

(1)每日黎明即起,整襟危坐少顷,以定夜气,屏缘息虑,以心观心,令昭昭灵灵之体,湛寂清明,了无一物,养未发之中,作应事之本。

(2)坐而起,世有事则治事,无事则读经数章。注取其明白,正大,简易,直截,其支离缠绕,穿空,凿巧者,断勿寓目。

(3)饭后看四书数章,须看白文,勿先观注;白文不契,然后阅注及《大全》,凡阅一章,即思此一章,与自己身心有无交涉,务要体之于心验之于行,苟一言一行不规诸此,是谓侮圣,言空自弃。

(4)中午焚香默坐,屏缘思虑,以续夜气。饭后读《大学衍义》及《衍义补》,此穷理致知之要也。深研细玩,务令精熟,熟则道德经济胥此焉出。夫是之谓大人之学。

(5)申酉之交,遇精神懒散,择诗文之痛快醒发者,如《汉魏古风》《出师表》《归去来辞》《正气歌》《却聘书》,从容朗诵,以鼓昏惰。

(6)每晚初更,灯下阅《资治通鉴纲目》或《濂洛关闽》及《河会姚泾语录》,阅讫,仍静坐。默想此日意念之邪正,言行之得失,苟一念稍差,一言一行之稍失,即焚香长跪,痛自责罚。如是日消月汰,久自成德。即意念无差,言行无失,亦必每晚思我今日曾行几善,有则便是日新,日新之谓盛德;无则便是虚度,虚度之谓自刘。昔有一士自课,每日必力行数善,或是日无善可行,晚即自恸曰:"今日又空过了一日。"吾人苟亦如此,不患不及古人也。

(7)每日除万不容己者,只得勉应,其余苟非紧急大事,断勿出门一步。终日不见人,则神自清,品自重。有事往来亲友之家,或观田畴,或赴地方公务,行步须安详稳重,作揖须舒徐深圆,周中规,旋中矩,坐如尸,立如钉,手与心齐,庄而和,从容闲定,正己以格物。不可轻履市肆,不可出入公门,不可狎比匪类,不可衣服华美。

(8)立身以行检为主,居家以勤俭为主,处人以谦下为主,涉世以忍让为主。

(9)习学先习不言。无论见未透行未至者不言,即见已透行已至者,一概静默不言。始也勉强,力制数日,不发一语,渐至数月不发一语,极至于三年不轻发一语,如是则所蓄者厚,所养者深,不言则已言则成经矣,人不闻则已闻即信服矣。所谓三言不言,言乃雍是也。万一尊长或平日知契固问,惟就所闻坦怀以对,必诚慎,务要简当。

(10)联五七同志,每月朔望两会,相与考德问业,夹辅切劘。公置一薄,以记逐月同人言行之得失。得则会日公奖,特举酒三杯以示劝;失则规其改图。三规而不悛,听其出会。

(11)会日坐久腹枵,会主正设肉蔬四器,充饥而止,慎勿杯盘狼藉,以伤雅风。会中所讲之书,如《康斋日录》《泾野语录》《文清读书条》,此数种,明白正大,最便后学。所论之言,毋越身心性命纲常伦理,不得语及各人私事,不得语及闺门隐事。违者,罚备次会一会之饭。

(五)清朝中期书院政策的转变及陕西书院的状况

雍正元年(1723年),下令"各直省现任官员自立生祠,书院令改为义学。延师授徒,以广文教。"同时采纳礼部侍郎蒋廷锡建议,"敕督抚令所属州县乡堡立社学,择生员学优行端者充社师,量给廪饩,乡民子弟年十二以上、二十以下有志者得入学。"据《清通考》卷七十载:"各州县于大乡区镇各置社学,凡近乡子弟,年十二以上,二十以下,有志学文者,令入学肄业。"这样,政府兴学重点转向社学、义学,对书院严加限制,因而书院的政策环境凸现恶化之态。

雍正四年(1726年),江西巡抚裴𰽧度请政府为江西星子县白鹿洞书院掌教,受到雍正皇帝的严加驳斥,怒骂书院是"贤否混淆"、"智愚杂处的藏垢纳污"之地,其对于书院所怀的憎恨和所抱的成见竟然如此之深,因而,雍正时期的书院发展规模上不及康熙时代,下不及乾隆,甚至连衰落时期的嘉庆、道光都不如。

雍正中后期对于书院的态度有了变化,筹建书院的政策开始松动。雍正十一年(1733年)再颁谕旨,"认为原以为书院之设,实有裨益者少,而浮慕虚名者多,而近见各省大吏渐知崇尚实政,不事沽名要誉之为,读书之人也屏去了浮嚣奔竞之习,于是允许各省会建立书院,并赐帑金一千两,作为士子读书筹划膏火之用。责令各省督抚殚心奉行。"全国共选出22所,陕西关中书院名列其中。雍正这一道谕旨,是要求在各省众多的书院中遴选出一、二个书院作为国家教育"重点"项目,进行重点投资。雍正对书院从最初的紧缩到后来的积极鼓励,也为乾隆时期书院走向繁荣开辟了新路。

这个时期,陕西新建7所:潼关关西(潼川)书院(雍正七年,1729年),朝邑西河书院(雍正九年,1731年),安定汾川书院(雍正十二年,1734年),肤施云峰书院(雍正十三年,1735年),临潼骊山书院、延安云梦书院、延安杨公书院。

乾隆在位期间,清朝开始进入了全盛时期。而此时书院的发展,也呈现出最为旺盛的局面。乾隆即位不久,即颁布谕旨,重申雍正皇帝晚年的书院政策,《清会典事例》卷395载:"书院之制,所以导进人才,广学校所不及,我世宗宪皇帝命设之省会,发帑金以资膏火,恩意至渥也。古者乡学之秀,始升于国,然其时诸侯之国皆有学。进府州县学并建,而无递升之法,国子监虽设于京师,而道里辽远,四方之士不能胥会,则书院即古侯国之学也。居讲席者故宜老成宿望,而从游之士亦必立品勤学,争自濯磨,俾相观而善,庶人材成就,足备朝廷任使,不负教育之意。若仅攻举业,已为儒者末务,况藉为声气之资,游扬之具,内无益于身心,外无补于民物,即降而求文章成名,足希古之立言者,亦不多得,宁养士之初旨耶?该部即行文各省督抚学政,凡书院之长,必选经明行修,足为多士模范者,以礼聘请。"乾隆皇帝除讲述了建立书院的意义和功用外,仍不罢休,同时对书院在择选院长,招收生徒方面,要求各级主管部门,严把质量关,以防那些不学无术者混籍其中。为此,乾隆皇帝还特地要求各书院,要依照"朱子《白鹿洞规条》,立之仪节,以检束其身心,仿《分年读书法》,予之程课,使贯通乎经史。"乾隆之前的历任皇帝,从未对书院如此重视过,如此详细地制订过书院发展规划。因而,乾隆之世,书院达到了鼎盛。

乾隆为了配合这一道谕旨,又采取了一系列措施,支持设立书院,加强管理:①对著名书院加赐帑金、赐额、赐书,以资鼓励。如乾隆二十一年(1755年),赐陕西关中书院"秦川浴德"。②奖励人才。"诸生中材器尤异者,准令荐举一二,以示鼓舞。""如果教术可观,人才兴起,各加奖励。"如乾隆四十五年(1789年),以关中书院掌教进士戴祖启六年任满,教绩可观,"著加恩以国子监学正录用。"

乾隆时期,全国新建书院1139所,修复前代书院159所。在此期间,陕西书院建设也达到前所未有的高潮,共新建书院72所,修复8所,共计80所。

陕西新建的72所书院是:汉南书院(1736年)、华州秀峰书院(1736年)、富平南湖书院(1738年)、凤翔凤鸣书院、南郑汉南书院(1739年)、泾阳瀛龙书院(1740年)、渭南香山书院、韩成文星书院(1742年)、宝鸡鸡峰书院(1743年)、清涧笔锋书院、延长育才书院

(1745年)、商南青山书院、咸阳渭阳书院(1746年)、洛川桥山书院、富平通川书院、怀远岩绿书院(1747年)、周至对峰书院(1748年)、蒲城尧山书院、安定文山书院(1749年)、洵阳敷文书院(1751年)、平利锦屏书院(1753年)、神木希文书院、神木麟城书院、镇安启秀书院(1754年)、合阳古莘书院(1755年)、礼泉星聚书院、礼泉饮凤书院(1756年)、同州丰登书院(1756年)、府谷荣河书院(1758年)、户县明道书院、洋县定淳书院(1760年)、渭南象峰书院、大荔丰城书院(1761年)、安塞新乐书院(1762年)、宝鸡石鼓书院(1763年)、同官(今铜川)颖阳书院(1764年)、城固乐城书院、华阴云台书院(1765年)、凤翔凤起书院(1767年)、高陵景槐书院、朝邑华原书院、澄城玉泉书院(1769年)、三水石门书院、绥德州文屏书院(1771年)、长安养正书院(1773年)、兴安文峰书院(1774年)、麟游凤仪书院、鄜(富县)州经正书院(1775年)、蓝田玉山书院、蔚州正乡书院(1776年)、岐山凤鸣书院(1779年)、紫阳仙峰书院(1780年)、洛川朝阳书院(1782年)、山阳丰阳书院、凤县白河天池书院(1784年)、延川登峰书院、雒南洛源书院(1786年)、凤翼书院(1787年)、宁陕厅太乙书院(1788年)、潼关凤山书院(1791年)、神木兴文书院(1793年)、富平西魏书院、富平锦屏书院、富平金粟书院、富平东壁书院、石泉石城书院、韩城古柏书院、(富县)州龙山书院、凤翔鸡山书院、宝鸡渭阳书院、韩城紫阳书院、淳化云阳书院。

修复的8所书院是:扶风多贤书院(1737年)、三原学古书院(1749年)、耀州文正书院(1757年)、榆林榆阳书院(1758年)、乾州紫阳书院(1762年)、眉县横渠书院、武功绿野书院、西乡丰宁书院(1784年)。

(六)清朝中期陕西书院的讲学活动

雍正、乾隆时期,尤其是乾隆时期,皇帝对书院的积极支持鼓励,使得书院兴建达到高潮,同时刺激了书院的讲学活动,讲学活动颇为活跃。陕西各书院的明师①讲学呈现出兴旺的景象。武功孙景烈、华阴李汝榛、大荔李法、华县王志瀜、潼关杨鸾、安康董诏等人的讲学活动比较活跃。

孙景烈,字孟扬,号西峰。雍正十三年(1735年)举人。任商州学正,以贤良方正荐加六品衔。乾隆四年进士,授翰林检讨。陈宏谋抚陕时,以经明行修之儒荐于朝,景烈固辞。于是潜心精研理学,"唯以讲学为事",遂成海内名儒。孙景烈曾主讲于关中书院、弘道书院和甘肃兰山等书院,尤其在关中书院讲学时间最久。"先生教人专心小学、四子书。……而析理之细,直穷牛毛茧丝,多发人所未发。著有《兰山》《明道》《关中诸书院讲义课解》,……成就关中人士甚众。"从其受业的弟子中名人层出,其中武功张洲,韩城王杰,临潼王巡泰,洛南薛宁廷,大荔李法,华阴李汝榛,人称"关中六弟子"。

孙景烈的弟子王巡泰专门治义理之学。"自从西峰游,恪尊其说,以窥关、闽,因灼见道源,深达理奥,论说多阐儒先之秘,正偏曲

---

① 明师:贤明的老师。见《韩非子·五蠹》。

之谬为今日说。……多所成就,学舍或不能容。"先后主讲于临潼、渭南、华阴以及山西、河南等地书院。

华县王志瀜,乾隆五十七年(1792年)领乡荐,选蓝田教谕,后为宜川、晋,因病告归后,主讲于朝邑丰登书院。

潼关杨鸾,乾隆四年进士,在京时与诸名士相唱和,钱塘袁枚称其为"秦中诗人",归家后主讲于丰登、张掖、尧山诸书院,从其受业者多知名之士,中堂刘权之、侍郎李小松皆出其门下。

洋县岳镇川,肄业于关中书院。于嘉庆六年(1801年)进士,官内阁中书。告归后设教于关中书院、汉南书院和关南书院。

这一时期,关中的知名人士不仅在本地讲学,也传道授业于秦关以外。例如:李汝榛曾经主讲于灵宝桃林书院;孙景烈曾经远赴兰州,为兰山书院的生徒宣讲理学;杨鸾不仅在大荔、蒲城一带的书院讲学,而且被邀请到张掖书院教授。可见当时关内关外讲学风气之盛。

(七)清朝中期陕西书院的管理制度

清代中期的陕西书院,在管理制度和教学内容等诸多方面,已经呈现出多样化、细致化的特征。这些书院在制订规条的时候,能把以前书院出现过的新情况考虑进去,以避免在书院管理过程中对有可能出现的新问题无法解决。例如,在汉南书院的规条中,就记载了书院收取租金的方式,即不仅要有三方的契约,而且还要从官府中雇佣"催差"来保障书院的正常收入。

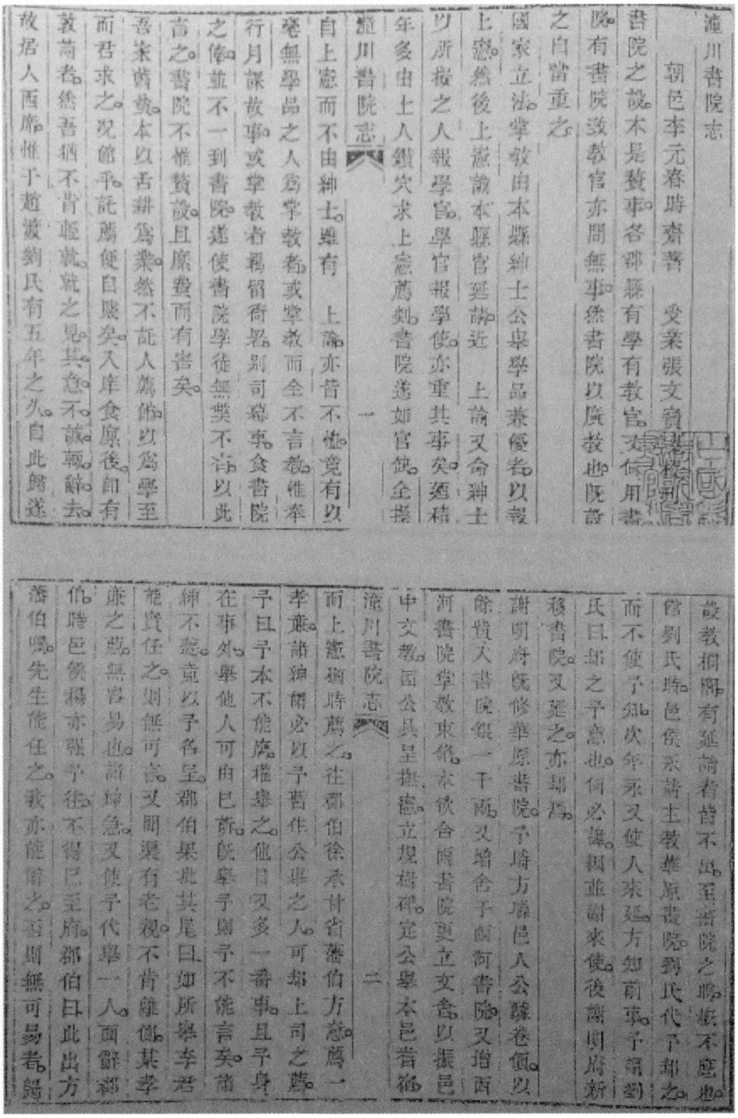

潼川书院志

《潼川书院志》十条教规，分别从学习目的、内容、形式方法和学习纪律等方面对学子作了要求。潼川书院注重学生学习目的培养，即"学为圣贤也"，并在"诸生入学"之时，就要"须先辨此志"，只有这样，"乃不误于从事"。为了达此目的，学生在学习的时候，"莫要于读书"，不仅如此，还要使"字字句句，皆反诸身心"，"知在是，行即在是"，"知与行一也"。强调学是为了应用，即就是为了"行"。潼川书院在对学生的纪律要求方面只有一条，包含了对学生日常管理过程中的请假制度、对学生起立行走的仪态要求和违反纪律的处罚制度。值得注意的是，潼川书院的教学内容以读经和以"通经致用"作为学生的课业，为以后嘉道咸时期陕西学术流派的纷呈开了先河。

《重刻汉中府志》详细记述了汉南书院的创立历史和规条。从汉南书院的规条中可以看出，书院教学内容是以读四书和五经的经解为主的义理之学，"初三日馆课，四书文一篇，经解一道"。"学贵讲习义理，愈研愈精"与关中的潼川书院相比，汉南书院依然以讲习程朱理学为正统，但是，它不像潼川书院那样，在学生入学的时候就要学生"言其志"，一经发现学生的学习动机不纯粹，就会不予录取，汉南书院虽然不要求学生"字字句句，皆反诸身心"，"知在是，行即在是"，"知与行一也"，但是，汉南书院的规条之中仍然认为读书应该有用，"书读有用，经犹律史，则例案穷经之外，日看史传，将要紧的记二三条，久之，事理自然通达，非颁发书籍不必观览"。汉南书院在规条中还要求学生遇到问题要向他人请教，不耻下问，"诸生遇疑义，务虚心讨论，询之友，质之师，不可囫囵下去，一生昏昏"。

另外,为了保证汉南书院日常开销和员工费用收入,汉南书院的后勤保障系统的资料记载比较详细。对于学田的来源,学田的地点位置记录完备,出租学田以后每年谷物、大米各收入多少,如何将收入的粮食分配给山长、监院、生员、童生、门夫以及县衙中专门管理书院的县礼、书府,每年由政府雇佣帮助书院催要租子的催差等详细数字都有严格的规定;对于收入的租钱以及生息的总数,使用去向,也都在书院的规定之中予以确立,"现在每年学地租钱一百八十八千八百八十文,生息汉市平银二百七十两"。对于学习成绩优秀的学生进行奖励,"官课在优等前十名者,每名给钱五百文,次取前十五名者每名给钱四百文"。对县衙里专管书院档案文书的礼书,因其花费银两买纸为书院造册登记,故"每年给银五两",每年夏秋两季负责收取租钱的催差,他们在催租时要花费路费,因而"每名给银八钱",看守大门的门夫,年终付给工资,"每月给银五钱,共银六两"。除此而外,月课的阅卷费,亦一并从生息银两中支付。汉南书院的管理制度中,还对逢年过节的开支都做了明确的规定,与现代大学管理中的财务规定有着许多异曲同工之处。

(八)嘉道咸时期的陕西书院——书院的衰落期

1. 衰落期书院学术活动兴盛原因、学术流派以及陕西书院的教学状况

(1)书院的兴盛背景和流派。

一般的历史书都把嘉庆、道光和咸丰清代三帝的统治时期称作是清朝衰落期。但是，这一时期学派林立，学术思想活跃，大约有三种类型：以博习经史辞章为主的汉学流派；程朱理学流派；以"通经致用"为要务的经今文学派。

书院之中讲授汉学，兴起于乾隆时代。康熙末年和雍正、乾隆时代，清朝在全国的统治已基本上巩固，经济也获得了恢复。在这种情况下，清政府没有必要继续向敌视满族政权的汉族知识分子采取一种强硬措施，以钳制言论，压制排满思想。

乾隆时代，清朝的专制政治达到高峰，其文网之严密，罗织之苛细，则是康熙、雍正时期所未有的，使知识分子动辄得咎，无所适从，人人自危，时时处处惶恐不安。在这种心情支配下，知识分子无法从事与现实有密切关系的经世致用之学，甚至如李祖陶《与杨蓉诸明府书》所描述的那样，不敢研究历史，不敢读书，"古人之文一涉笔必有关系于天下国家，今人之文一涉笔惟恐触碍于天下国家"。于是知识分子只能远离现实，一头钻入故纸堆，诠释古训，究索名物，于世无患，与人无争。从这个意义上说，乾嘉汉学既是清政府文化高压政策的产物，也是文化界对政治的避实就虚，还是文化代表们对于古籍不得已而为之的抢救，更是知识阶层的一次集体自慰运动。就文化背景和学术发展的一般趋势看，乾嘉汉学的兴起是对宋明理学的反动，它表明了中国学术发展的一种趋势。大清之后，由于王学的空疏，知识分子已不屑于作王学的传承人，而一反王学，继而反对整个宋明时期的学术风尚，而遥承两汉学术旨趣。

一批考据大师如王鸣盛、钱大昕、段玉裁、赵翼、王念孙等人穷经证史，致力学术，广收众生徒。嘉庆道光时期，这一学派并未因考据大师们的谢世而衰弱，相反却以阮元为旗帜，以嘉庆初年在杭州建立诂经精舍和道光初年在广东建立学海堂为基地，教授考据之学，扩大了汉学的影响。因他们对考据之学的贡献和对后代学术的影响，后人称这一学派为乾嘉学派。

与此同时继续讲授程朱理学的是桐城姚鼐，继而是方东树和唐鉴。姚认为汉学家"专求古人名物制度，训诂书数，以博为量，以窥隙攻难为功，其甚者，欲尽舍程朱而宗汉"，正是"枝之猎而去其根，细之蒐而遗其矩"。姚鼐先后在江南紫阳书院、钟山书院讲学四十余载。成为这一时期复兴程朱思想的领军人物。方东树认为汉学家致力于儒家经典文字的训诂与考证，是"以奴为郎"，"势必流于异端曲说而不自知"。他们在反对汉学派所做的事功上走得太偏。然而正是因其对理学不遗余力地维护，程朱之学声势仍然极大。

嘉道咸时期书院学术思想中的第三种声音，就是经今文学派。他们主张"通经致用"，代表人物是李兆洛和龚自珍。他们极力推崇公羊学派，竭力攻击郑玄："今之所谓汉学也，独奉一康成氏焉耳，而不知康成氏者，汉学之大蠹也。"主张学经以"治世"。由于其极力宣讲，今文经学遂成显学。

以上学派的鼎足而三，使得学术思想气氛活跃。而随着国家危机的来临，主张"通经致用"的经今文学派得到长足的发展。

(2)陕西书院状况。

受国内书院学术风气的影响,陕西书院在这个时期的讲学内容也发生了变化,一改理学独占讲坛的局面,汉学成为一些书院的教授重点。如清道光十一年(1831年),陕南略阳知县贾芳林创建嘉陵书院即是以汉学教育为特点的书院,贾芳林为书院制定了《嘉陵书院成规》,成规共五条。鼓励生徒读经,专门设立"读经膏火"以资奖惩,汉学在此之盛略见一斑。而蓝田《玉山书院规条》,又可以看出理学在书院的状况。

《嘉陵书院成规》前第一条的内容如下:

定膏火。前以读经书定膏火,读经者给膏火,不读经者不给,期于士皆通经,然亦有勤于用功而读经不能如数者,自宜略为变通。今定膏火五十分读经膏火三十分,不读经膏火二十分。读经以《易》《书》《诗》《周礼》《礼记》《春秋左传》六经为定。六经尤以《春秋左传》《礼记》《周礼》为主。《春秋左传》十二本,《礼记》十本,《周礼精义》六本。诸生童于是三经,能二十日读一本者准膏火。二十日内除官课、斋课外只得十六七日,全本通记者方准《周礼》《春秋左传》均全读。《礼记·丧礼》可以不读,其不读者亦按页数于下本补足核算。《易》《书》《诗》每部均限八十日,能熟读者准膏火,然必《周礼》《礼记》《春秋左传》读完再读此三经方准膏火,但能读此三经者不准。膏火之数,每名每月给钱八百文,此读经者一定章程也。其不专于读经或读经不能如数者,生员膏火十分,童生膏火十分。生员膏火月给钱一千三百文,童生膏火月给钱八百文,随课而定。每月初二、十六官课。初二官课取在前十名者给前半月膏火,十六官课取在前十名者给下半月膏火,十名以外不给。其功课于所定八条中,如读古文、看史、参考群书等条,均听其随便用功,不为限制。每日读时文一篇,排律诗一首,看《四书》若干页。均呈请山长宣讲。《春秋左传》《周礼》《礼记》等经,亦要读,特不限以页数。无论读经不读经,均订功课本一个,每日写读某文一篇,某某诗一首,某某古文一篇,看书自某处起至某处止。每日早晨向山长处呈诵。《四书》则听山长抽问某章书某某说若何,逐条登答。若但随课作文,不在书院肄业者,其奖赏与肄业生童一,概不给膏火。其所扣未曾在院肄业生童之膏火,仍然发给在院肄业生童,如生童等次取在十一名者,多则以次第推。其读经生童既得读经膏火,官课能取在前十名者,若《易》《书》《诗》《周礼》《礼记》《春秋左传》六经俱能成诵,除读经膏火照常发给不记外,一律照官订甲乙全给膏火奖赏;若六经不能成诵,除读经膏火不记外,只给膏火一半,所余膏火仍前发给取在十一名者,多亦以次第推。其不能读经及每课不能取在前十名者,均听其自备资斧住书院肄业。

与以前的书院规条相比较,这个时期的书院,在管理规定方面就显得更加具体细致。除过上面把膏火与读经联系起来以督促学生学习以外,对于学生的考试等方面,也都在规条之中有了专门规定,《玉山书院规条》中有关考试答题要求的条款有如下要求:

每月大课两次,定于每月初二日师课,十六日官课,扃门课试,兼课生童,每课四书文一篇五言排律诗一首,申刻交卷,如有继烛及携卷出做者,定置卷末。

诗文总字样如犯科场贴例者,一照科场贴例榜示讲堂。

诗文中失粘为科场大病,课卷如有失粘者,每一字罚钱五文,出句用平声住脚者罚钱二十文。至一三五如不调谐即是失粘,俗论所谓一三五不论,二四要分明者,断不可从。

从以上的考课要求中,我们就可以知晓玉山书院的教学内容是以四书五经为主的。它与陕南嘉陵书院以汉学为主的教学截然不同,但正是由于他们各自侧重一端,才造成了这一时期陕西学术学派的林立和学术繁荣的局面。

2. 嘉道咸时期陕西书院的兴建和管理

(1)陕西书院的新建和恢复。

和前任皇帝时期比较,这个时期的书院建设速度呈现减缓态势。全国新建书院1267所,(其中:嘉庆朝811所,道光朝400所,咸丰朝56所),修复56所(其中:嘉庆朝19所,道光朝31所,咸丰朝6所)。同样,陕西的书院建设在这三朝也呈现递减的状况。

嘉庆朝陕西新建14所:乾州乾阳书院,米脂成德书院(1796年),沔阳书院,汉阴育英书院(1803年),延安和鸣书院(1808年),褒城褒城书院,褒城连云书院,褒城廉泉书院(1809年),宁强州振文书院(1810年),定远厅班城书院,吴堡兴文书院(1814年),华州少华书院(1815年),保安永康书院(1819年),南郑中梁书院。

道光朝新建12所:留坝厅留河书院(1822年),渭南景贤书院,长武宜山书院(1823年),镇安安业书院(1825年),孝义厅义川书院(1827年),砖坪厅烛峰书院(1830年),略阳嘉陵书院(1831年),永寿翠屏书院(1833年),千阳启文书院(1837年),安定笔锋书院(1841年),大荔冯翊书院(1846年),礼泉嶅南书院。

咸丰朝新建4所:佛坪厅迎秀书院(1851年),韩城快园书院(1857年),澄城水南书院和壹南书院。

以上三朝新建书院28所,再加上嘉庆二十年(1815年)修复勉县正谊书院,道光十年(1830年)修复三原宏道书院和三原嵯峨书院,共增加了31所书院。与乾隆时期相比,不论是新建还是修复,都大幅萎缩。

(2)陕西书院的管理。

贾芳林创建了略阳嘉陵书院,同时为之制订了书院的制度。从其内容来说,它涉及了书院管理之中从教学、学籍、课堂、纪律、考试、作弊、薪水、奖惩、请假、安全和学田筹集资金等方面的内容。对当时书院教学运行过程中的各个环节都做了考虑和规定:

定奖赏。生员每课奖赏三名,第一名奖赏钱五百文,第二、三名俱二百文。既有奖赏,又随课定膏火,有志上进者自必益加鼓励。而录旧及请人代笔亦不可不防,应为酌定章程,以便遵守。凡录旧及请人代笔者,除将应得膏火奖赏扣除外,生员罚钱六百文,童生罚钱四百文。扣除膏火,发给是课取在十一名者,多则以次递推。其所罚钱,经山长及本县查出,即以所罚之钱充公;经书院肄业生童查出,即以所罚之钱给赏。其请书院中人代笔者,本人与代笔人并罚。

其录写成文在五句以内者,扣除奖赏,膏火扣一半;五句以外者,膏火奖赏全扣。其录写或系同类题,全节全章非原题者,十句以内扣除奖赏,膏火只扣一半;十句以外膏火、奖赏全扣。扣除膏火、奖赏俱发给本课取在十一名者。其附课之罚,与书院肄业生同等。

山长修金、伙食钱一百六十千,上馆、解馆路费钱各四千,关聘银四两,四季请山长酒席费用三两,共约钱二十二千文。斋长两名,每名月给膏火钱一千二百文。院夫一名,月给工食钱六百文。院书一名,月给工食钱八百文。惟生童除正腊两月,只给十个月膏火,此三项则全给不除。院夫经营大门,闲杂人不准擅入。每日黎明将大门开锁,锁钥交斋长处。讲堂及山长住房各学舍打扫洁净,定更后即将大门关锁。院书专司簿籍,某日某生某童在书院,某日某生某童不在书院,逐日登记。于官课时,将簿籍同生童文卷一并送署以凭查考。院书错误或嫌故为诳记者,严惩院书不贷。斋长经管书院一切事宜。凡山长支使修金及各生童膏火奖赏、院夫院书工食,俱经斋长发给。每月底将肄业生童应得读经膏火若干,不读经膏火若干,某某奖赏若干,某某应扣除若干,均著院书登簿送署过朱,然后发给。膏火于月底发给,奖赏随课发给。年终著院书另造总册,并每月朱簿送署核对存房备案。至肄业生童,无论在书院内外,有不守学规滋生事端者,斋长禀明惩治。

书院肄业生童,有事均要告假,听山长酌给日数,大约每月不得过三日。三日以内者不扣膏火,三日以外按日扣除。各生童亲友有事进城,均不得借探望为名,在书院逗留。其有群聚闲谈不肯用功者,斋长禀请山长戒饬。若酗酒滋事,不守学规,斋长禀请本县驱逐。若经本县查出而斋长容忍隐匿者,并将斋长申饬。

书院、义学经费出自地租及各集场斗租。除每年书院、义学支销钱一千千零二十三千外,尚余钱一百四十余千文,三年约余钱四百三十余千。略邑距省城一千余里,各生寒士居多,乡试路费为艰。今酌定章程,每名给路费钱五千文。共乡试若干,每科于七月初一,斋长开单送署禀请给发。其有已领路费有事不能赴省者,仍追还归款。至于书院佃户所纳租课,较之佃种民地者虽轻,然荒歉亦宜体恤。夏租于五月初十日起征,秋租于九月初一日起征。略邑秋收为重,且地亩坐落高山平坝不等,如遇实属荒歉,斋长于八月内逐一查明,某佃户应减租若干,某佃户不应减租,于尚未征收秋租以前禀请出示豁免。征收春租亦然。庶使穷苦者亦得沾感实惠也。其余亦不得借口顽抗。

值得研究的另外一种风格的书院制度,是道光十六年知县胡酌为蓝田玉山书院制定的规条。与同时代的嘉陵书院的制度相比,处于关中地区的玉山书院管理制度,是另一种形式的管理办法,其书院山长的"修脯之资"的不足部分由政府垫付,书院的管方身份较为明显。

道光十六年(1836年),蓝田知县胡酌为玉山书院制订了肄业生童章程,为了保证书院经费,"每年于正赋外,出钱三百千文归入书院,为生童膏火之资",并由胡出面劝说一些富人捐置田亩,将之出租以后的收入,作为山长的"修脯之资",如果不够,则由官府代为垫付。章程规定了学生上课的开班人数,"生童正课定额各八名,附科定额各十二名"。任课教师的每月工资,对学习成绩优异者的奖励措施,"生员正课每月给膏火钱一千文,附科每月给膏火钱五百文""童生正课每月给膏火钱八百文,附科每月给膏火钱四百文,于次月官课之期给发前月膏火"。另外对于每月的小考、学生上学时的用具、试卷的印刷、对教师的奖励和处罚等等,都分别作了规定。这些常规的教学管理规定,对于我们后来的大中小学的教育管理,无疑具有值得学习的地方。

为了保障书院教学工作的正常进行,对于书院学田的向外出租和收入的管理,成为书院所必须要重视的一项重点工作。为了避免书院和租户发生纠纷,为此,每年的租钱由政府出面收取。

3. 嘉道咸时期陕西书院名师讲学活动

(1)李元春与贺瑞麟的书院学术活动和思想。

对明清两代关学思想的整理,李元春与贺瑞麟贡献最大。李元春(1769—1854年)字仲仁,又字又育,号时斋。朝邑(今属大荔县内)人,嘉庆三年(1798年)举人,九上春官不第,遂绝意进取。他学宗孔孟程朱,"自教授桐阁,至主讲潼川书院及邑华原书院,恳恳为诸生告以圣贤之学",毕生授徒不辍。

李元春著作宏富,《中国丛书综录·子目》收录有48种,其中包括少量编辑或评辑他人的著述,如《关中道脉四种书》一类。清代道光、咸丰年间刊刻有《桐阁全书》,收入著作24种,201卷。他编辑了大型丛书《青照堂丛书》,其中收录他本人的著述 11 种共计 30 卷。李元春的著述可分为 5 类:①关于诸经诸史及诸子的论说,如

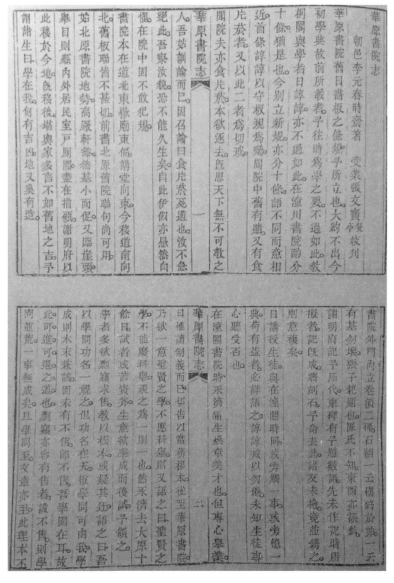

李元春《华原书院志》

《诸经绪说》《诸史简论》《诸子杂断》《诸史孝友传辑》等;②授课讲义、杂著,如《桐窗课解》《授徒闲笔》《教家约言》《华原书院志》《桐窗呓说》等;③理学著作:《理学备考》《正学文要》《桐阁性理十三论》等;④关学文献的整理:如《关中道脉四种书》《关中两朝诗钞》《关中两朝文钞》《关中两朝赋钞》等;⑤经世、实学著述:《经世文选要》《农桑书录要》等。

李元春的理学思想,倾向于朱学。《性理十三论》一卷,是其理学思想的代表作。在作者的论述中,多数是对上述理学命题的通俗化宣讲,如"太极本无极论",将周敦颐等人的"无极而太极"之说,通俗地解释为"太极本无极"。有些命题,作者加入个人观点,例如对张载"知太虚即气则无"的解释,则把张载以气为本的观点,纳入"理生气"的朱学体系之中。在"理气"这一理学的命题上,李元春站在朱学的立场,他不仅未能正确地解释张载的基本思想,而且对于在理气问题上坚持气本论的明代陕西思想家韩邦奇的观点也提出了批评。

在《性理十三论》中,李元春特别称赞张载的"乾父坤母论",认为这就是"仁"的体现。张载曾用"乾称父、坤称母"来解释自然与人类的存在,把天地万物看成一个大家庭。李元春用程朱的观点解释乾父坤母,其实在理论上并无建树,更无新意。

"十三论"中的新型理论建树很少,这是李元春思想的一个软肋。这种情况也同样反映在他对关中学术思想的整理工作中。

贺瑞麟生于道光四年(1824年),字角生,号复斋,三原人,"年十七,为诸生……以父命受学于邑孝廉王次伯先生之门,潜心道学,不专事举业……年二十四从桐阁游于周、程、张、朱书,无不悉心究极,益奋志圣贤之学……绝意仕进,学益深纯,先后主正谊、学古两书院讲席,修己教人,一以程朱为法,丝毫不容假借。一时躬行实践之士,多出其门。"这一时期,西方列强已从沿海侵入了中国,而在西北的内陆,还有一部分知识分子仍沉迷于理学,贺瑞麟即是这一类型的代表。

贺瑞麟有志于程朱理学。他所倡导的学术主旨是"居敬穷理"。他说:"道固无不在,然非居敬穷理,则无以为寸养之本,而无星之称,无寸之尺。"在恪守程朱门户方面,贺瑞麟坚持要做到醇之又醇,"未可一毫夹杂"。

贺瑞麟具有务实精神,他把自己对程朱的尊崇应用到行动之中,为此,在学术研究和教学过程中付出了极大的精力,特别表现在刻书与讲学方面。

贺瑞麟刻书,主要有两大类,其中最重要的一类,是程朱的著作。他所主持编辑刊刻的一部大型丛书《西京清麓丛书》中,仅程朱及其弟子的著作就收录了四十余种,朱熹的主要著作,如《四书章句集注》19卷,《近思录》14卷,《朱子大全文集、续集别集》112卷,《朱子语类》140卷,《朱子遗书重刻合编》109卷,《宋名臣言行录》等等,都包括其中,有些还附有贺氏所写的附录。此外,二程(程颢和程颐)、周敦颐、张载的著作,朱熹的弟子黄榦、陈淳的著作,也占了相当的分量。另外,元朝的许衡、明朝的薛瑄、胡居仁,清朝的陆陇其等人，都为贺瑞麟所敬佩，因而这些人的著述也被收录。

贺瑞麟对程朱理学及其后学学术著作的整理和刊刻，在陕西学术史上有重要意义。这项工程，耗资巨大，在当地乡绅刘映菁、刘升之父子的鼎力资助和支持下，刘氏族子刘质慧刻《朱子家礼》，乾州王梦棠刻《朱子大学或问》，泾阳柏森刻真德秀《大学衍义》，富平强济川刻贺瑞麟《诲儿编》，凤翔刘宗钊刻《朱许年谱》（朱熹和许衡）等等，一时间，关中地区兴起刻书热。这些新刻朱学著作，大多都由贺瑞麟厘定或作序，由于贺氏声名在关中以至北方地区影响很大，同治十三年（1874年）被朝廷授予国子监学正衔。

贺瑞麟主持大规模刻书，试图以文化的传行达致改变社会之目的。他强调"讲明学术""崇奖廉节"是施政的重要前提，赞成吕坤"变民风易，变士风难；变士风易，变仕风难"的观点。在他看来，"讲明学术"，是变"士风"的重要手段。当然，贺瑞麟的道路，是通过讲明学术、兴办教育的手段来改变社会，即变民风、士风、仕风，因此，他主持刊刻的书籍，除朱学以外，另外一大类，就是"养蒙书"，在《西京清麓丛书》中，辑入的这类书有：《弟子规》《真西山先生教子斋规》《程董二先生学则》《朱子童蒙须知》《朱子训子帖》《白鹿洞揭示》《杨园训子语》《清麓训词》《吕近溪小儿语》《吕新吾训子歌》《吕新吾好人歌》《李西沤老学究语》《宫南庄醒世要言》《广三字经》《圣室感录》《父师善诱法》《训女千字文》《吕近溪女儿经》《女训约言》《宋尚宫女论语》《双柏斋女史吟》《杨秀芝女史吟》《四言闺监》等等。这些书除《清麓训词》是贺瑞麟所撰外，其他都是他辑录的，有些还是他亲自抄写的。

贺瑞麟刊刻的图书,以程朱理学著作为主,即便是所刻"养蒙书"也以理学家的著作为主。贺瑞麟生逢衰世,民风、士风、仕风日下,他从改变人心、改变社会的目的出发,用20多年的时间,刻朱子书,刻蒙学书,赋予程朱理学以"振衣千仞岗"的使命和责任,企图挽世风于既倒,但却回天乏术。

贺瑞麟办教育,也依然未脱传统的窠臼,他的《学古书院学要》中规定:"慎独以严利义之辨,立志以大明新之规,居敬以密存察之功,穷理以究是非之极,反身以致克复之实,明统以正道学之宗。"《贺复斋先生行状》记载了当时书院学习和生活的情况:"每日晨昏会食会讲皆有仪矩训词;诸生自斋长、纠化、纠仪、值日、值食、值厕,悉有笺,轮流交待,左右门帘、寝阁,俱有铭;一六日衣冠讲书,朔望仪毕,肄古饮酒礼,且与同辈有志仿行朱子《增损吕氏乡约》法,为记善记过籍,每会恒数十人,极一时之盛,识者以为关中自横渠以来,未之有也。"这些为我们提供了晚清关中书院教育的材料。从中不难看出,无论是形式还是内容,都已经与时代的进步格格不入了。

贺瑞麟之后,清代关中理学已经基本终结。就全国的学术思想发展来看,清初的实学思潮之后,虽有乾隆、嘉庆年间汉学的复兴,后来又有今文经学的异军突起,掀起了思想界的狂澜。但是,陕西的学术思想发展却显得滞后与平淡。李元春、贺瑞麟宣扬程朱理学,但在理论思想上陈陈相因。他们虽着眼于现实社会的现象,企图用程朱理学的"居敬穷理"唤回人心,然而一切都大势已去。

（2）关中其他名师的讲学活动。

兹将此阶段讲学活动的名师大概撮录于下：

三原王治，嘉庆十八年拔贡，道光二年进士，屡任要职。告归后主讲关中书院。

李来南，李元春长子，幼承家学，于书无所不读，为文必本经义，教人严而不苛，主讲于大荔西河书院。

朝邑杨树椿，曾师从李来南，潜心性理，融会贯通，晚年学问益邃，讲学于友仁书院。

张佑，嘉庆七年进士，主讲关中书院。

张联珠，嘉庆二十一年举人，官吴堡教谕。其人才高学富，工古文辞，晚年主讲于冯翊书院。

马先登，年十六受业于李元春门下，道光二十七年进士。归家后被聘为丰登书院讲席。

刘宗实，举人，主讲于冯翊书院。

马思远，博通经史，后主讲于志学斋大学堂。

王会昌，从学于李元春，恪守程朱之学，咸丰二年举于乡。后主讲于华原书院。

王东来，咸丰元年年四十余始登乡榜，自构南坪别墅，举生徒教授。

段绍印，道光间举人，主持开封大梁书院。

蒲城王馆，嘉庆三年举人，主讲少华书院。

周至路德，嘉庆十四年举进士，归里后讲学于关中书院、弘道书院,象峰书院,及范阳对峰等书院。从学者遍及晋豫吴楚等地。

旬邑郭四维,道光十五年举人,致士归,掌教石门书院。

澄城雷时夏,道光三年进士。主讲于横渠书院,少华书院和丰登书院。

合阳侯橘,道光十七年举人,以朴学闻名,于先儒诸书悉心研习,曾主讲于大荔、澄城各书院。

洋县童颜舒,道光十四年举人,主讲于本邑书院。

安康张鹏飞,嘉庆十八年拔贡,历主临潼、褒城、安康各书院讲席。

谢玉珩,嘉庆十八年拔贡,为官归家后,任关南书院讲席。

紫阳曹学易,道光二十年举人,主讲东来书院。

(3)书院的腐败衰落及其对陕西书院的影响。

早在清朝前期,书院在管理和运行过程中就暴露出了诸多问题,李元春在《潼关书院志》中,就对雍正时期的书院全由一些欺世盗名之徒操纵把持而忿忿不平:

"国家立法,掌教由本县绅士公举学品兼优者以报上宪,然后上宪谕本县官延请,近上谕又命绅士以所拟之人报学官,学官报学使,亦重其事矣。乃积年多由士人钻穴求上宪荐剡。书院遂如官缺,全操自上宪而不由绅士,虽有上谕亦皆不恤,竟有以毫无学品之人为掌教者,或掌教而全不言教,惟奉行月课故事,或掌教者羁留衙署,别司幕事,食书院之俸,并不一到书院,遂使书院学徒无弊不有,以此言之,书院不惟赘设,且靡费而有害矣。"

嘉道咸时期的书院经历了繁荣以后,其内部机制的运行过程中产生的腐败也同时显露出来,并导致了书院的最终衰落。

书院的腐败,首先是山长或掌教者才疏学浅,滥竽充数。从当时全国的情况来看,自乾隆中期开始,由于吏治的腐败,对于书院讲席教师的聘请、学生的招收、教学管理及考试等一系列比较完备的制度产生了冲击。一些书院聘请山长,"向来多系上官同僚互相推荐,遂至徇情延请,有名无实"。王昶《天下书院总序》:"(书院)为郡县者据为己有,且各请院长以主之。而所谓院长,或为中朝所荐,或为上司属意,不问其人学行,贸贸然奉以为师,多有庸恶陋劣,素无学问,窜处其中。往往家居而遥领之,利其廪给,以供糊口,甚至诸生有终年而不得见,见而未尝奉教一言,经史子集、诗赋古文之旨,茫无所解。"《清会典事例》卷三九五载乾隆四十年谕:"毕沅奏陕西关中书院延请掌教一折,据称访查各属院长,向来多系上官同僚,互相推荐,遂致徇情延请,有名无实。现饬各属务选端谨积学之人,加意振作。将所请院长姓名籍贯,更换到馆日期,造册详报抚藩衙门查核等语,所办好,已于折内批示。书院为教育人才之地,如果院长得人,实心课导,自可冀造就英才,以收实效。如江苏紫阳书院之沈德潜、彭启风,尚堪称师儒之地,各省类此者自不乏人。而如毕沅所称,上官同僚互相推荐,遂尔瞻徇情面,委屈延请,不问其人之是否文行兼优,而各院长等亦以修脯为事,不以训迪为心,甚有视为具文,讲席久虚,并不上紧延师,以致生徒星散,有名无实者,所在谅皆不免。其事自当责成督抚以期实济。着传谕各督抚,嗣后省城及各府州县大小书院,务访学行兼优者,俾主讲席。其一切考核稽查之法,俱照毕沅所奏办理。"乾隆的这段谕旨,似乎对书院的腐败现象只是不痛不痒地作了纸上的制止,并未对腐败的根源进行改造,也未对涉及腐败的官吏进行严查和深究。从其中所透露出来的信息是,这种腐败之风似乎还不那么兴盛,但确实问题不少。山长结官交吏,徒索薪俸,人格堕落,学识浅薄,已是普遍风气。虽有朝廷明令禁止,怎奈上有政策,下有对策。嘉道咸三朝,此恶劣之风气愈演愈烈。民国《续修陕西省通志稿》卷三十八载:"自书院兴,私塾夥,名属胶黉,半为师儒颐志之地,不惟于教事多旷,即睹廨署之隤圮,亦视如传舍,而莫之一稍葺焉。"有这种恶行劣迹,书院也只能衰败零落了。

因为书院中有如此多的流弊,所以导致了院产流失,经费入不敷出,师生束修膏火之资无以为继,书院的一切事务均受到严重影响。

其次,由于战争的破坏,书院废毁严重。嘉庆初年,川楚陕白莲教起义;咸丰年间回教之乱而"兵灾迭经,学务废弛",不少书院"倾塌无存"。光绪《绥德直隶州志》记载绥德文屏书院"同治六年,回匪陷城,各典焚毁,原发本赀荡尽"。民国《续修陕西省通志稿》卷三十六载永寿翠屏书院,"同治兵灾后,山长缺席,多由知县兼理。书院上房又为历任学官所栖止,学舍几同虚设"。

4. 同治光绪时期陕西书院的恢复与书院特点

(1)陕西书院的建立和恢复。

同治光绪二朝,政府下令创修书院。这样,全国新建书院 1037

所（其中同治朝366所，光绪朝671所），修复前代书院25所（同治朝14所，光绪朝11所）。

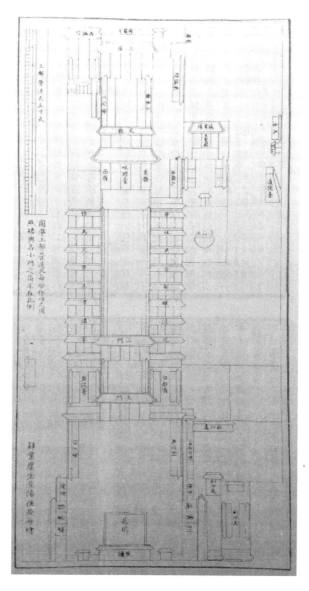

泾阳味经书院平面图

同治时期,陕西新建书院4所:泾阳泾干书院(1869年),泾阳味经书院(1873年),定边定阳书院,朝邑友仁书院(1874年)。

光绪朝新建书院22所:定边见墙书院(1875年),渭南渭川书院,平利三山书院(1877年),南郑天台书院(1879年),泾阳正谊书院(1881年),肤施金明书院(1889年),长安少墟书院(1890年),定边卫道书院(1896年),泾阳崇实书院(1897年),安康南岭书院(1901年),宁陕厅洵江书院,靖边崇正书院,朝邑文介书院,咸宁崇化书院,富平频阳书院,安塞苹笙书院,甘泉定汤书院,靖边新城书院,陇州五峰书院,白水彭衙书院,宜君文兴书院,绥德州龙文书院。

味经书院志

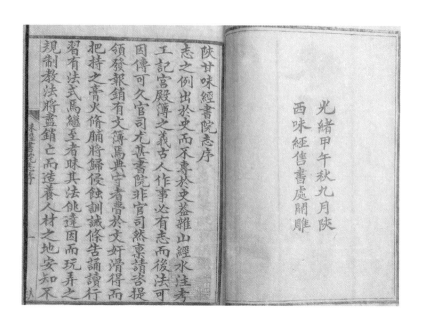

陕甘味经书院志序

(2)同治光绪时期陕西书院的特点。

同治光绪时期的书院有两个特征,一则是从治学而言,汉宋之学渐趋合流,但仍然是科举的工具。二是后期,西学东渐,教学内容已经发生改变,开始讲天文、地理等科学课程。《陕甘味经书院志之教法第五下》:"其课以经学、史学、道学、政学为主,而天文、地舆、算法、掌故各学附之。"因而,这在书院发展的历史上,是一个转型时期,旧的教学内容还在作为主流存在于书院的教学当中,而西学已经作为"副课"进入课堂。

乾隆中期以后,汉学盛极一时,统领学术近百年。而宋学一直处于守势。同治元年,清朝政府下令在国子监"于应课时文外,兼课论策,以经史性理诸书命题,用觇实学"。于是,一些学者"兼综汉宋"。曾国藩重建江宁钟山书院后,聘李联秀为院长,兼讲汉宋。李称"为学之术有四,曰义理,曰考据,曰辞章,曰经济"。并要求士子"以义理之学为先"。由此影响下,其他新建或修复之书院,或者汉宋兼讲,或各不相互攻讦。同治十二年,陕西学政许政祎,建陕西味经书院,"以天文,地舆,经史,掌故,理学,算学课士,以开风气"。(《续修陕西通志》)。光绪七年,陕西泾阳建正谊书院,"其学专讲洛闽义理之学"。(引文同上)光绪九年,固始蒋子潇主讲于同州丰登书院,"以朴学教关中人士,一时蒸蒸,成就甚重"。光绪二十三年,陕西蒲城修复崇礼书院,"其教法以经史性理为主要"。由以上资料中,我们可以知晓,同治光绪这一时期的关中书院,国学一统天下的学术格局已经被打破,西学开始与国学分庭抗礼。

(3)同治光绪时期陕西书院的讲学活动。

到了这个时期,书院讲学活动的黄金时代已经过去,但是依然有一部分文化名人在孜孜不倦地坚守着这块最后的文化阵地。

大荔张梦龄,曾经主讲于西河书院和藁城溽阳书院。

咸阳刘光蕡,会通闽洛,学宗姚江,任味经、崇实书院院长。

兴平边辀,主讲于槐里书院。

澄城丁兆松,曾就学于关中、味经二书院,深受柏景伟、刘光蕡器重,主讲于本邑及洢阳书院。

安康雷钟德,主持关南书院。

宜川呼延廷翼,肄业于延安府和鸣书院。为知县范增祥器重,

陕甘味经书院志

助以膏火,负笈关中书院,后为宏道书院上舍生。光绪末,被选为永寿县训导,并主讲翠屏书院,其教学循循善诱,提携后学颇多。

米脂高树荣,同治十二年拔贡,创建定阳书院,后在凤翔书院讲学。

(4)刘光蕡在书院的学术活动。

李颙所开创的清代关中学术思想,虽经王心敬、李元春、贺瑞麟等人的发挥,但本质上依然因循了理学的路径,思想上没有多少创新。于右任在谈及关中学术时说,清末的关中学术有两大系统:一为三原贺复斋先生,为理学家之领袖,一为咸阳刘光蕡先生,为经学家之领袖。刘先生治今文之学,兼长历算,以经世之学教士,一时有"南康北刘之称。"咸阳刘光蕡,会通闽洛,学宗姚江,任味经、崇实书院院长。

刘光蕡字焕堂,号古愚。道光二十三年(1843年)生于咸阳天阁村一个书香世家。他的着眼点在教育,曾经设馆授徒于泾阳味经书院、崇实书院、兰州甘肃大学堂,在味经书院创设"时务斋",刘光蕡一生著书数十种,其弟子将其遗著编刻成《烟霞草堂遗书》及续刻,康有为题名并作序。《立政臆解》《学记臆解》《尚书微》等著作反映了他的学术及政治思想脉络。现有《刘古愚先生全书》流传下来。刘光蕡自幼接受儒家传统思想教育,以天下之忧而忧为己任。在他制订的味经书院时务斋学规和泾阳崇实书院学规中,强调"励耻、习勤、求实、观时、广识、乐群",订阅有《京报》《申报》《万国公报》及全国性报刊多种,每月将诸报摘要刊印成册,发给学生阅读,以唤起学生天下兴亡、匹夫有责的责任感。

刘光蕡的教育思想,简而言之可以概括为:化民成俗、启识育才、学以致用、实用即学、政教合一、以师为吏。旧式教育为国家培养了一批又一批不是鄙视技术、以赚取功名为目的的候补官吏,就是培养了一些死读书读死书的腐儒。刘光蕡反旧学之道而行之,提出化民成俗、启识育才。为化民成俗而奔走呼号,他认为,要化民成俗,就必须兴办教育;他对教育制度的改革,一直着眼于社会各阶层的教育普及。在味经书院,在兰州大学堂,即使在烟霞草堂双目失明的情况下,他都矢志不渝,以其化民成俗的教育思想为目的。他提倡"无论男女,胥入里塾""假学摩开陋塞"。其所著书也强调"使妇孺皆一览可知",充分体现了开民智、新民德的一贯精神。他讲学于甘陕各大书院,组织"学斋""学社",在其思想上从未抛弃过化民成俗的教育原则。

刘光蕡提倡学以致用。他对传统旧学的弊病有着切肤之痛,也有着切肤之恨,对中国的社会现实充满了担忧。他提出了"奋发求学,以救时局"的口号,鼓励学生研究西方政治、历史、经济、宗教、语言等文化,总结出西方国家科技进步的原因,以与中国现行政治相证,通过中西比较,探索中国社会发展之出路。为此,他在味经书院首创"时务斋",自任斋长,组织立志改革之士,在古今中外庞杂的思想中,力图开拓出一条经邦济世之路。斋内特设经史、读报、学科学三门课。每月两次定期会讲,畅谈心得,议论时政,宣传变法维新思想。刘光蕡所著《立政臆解》,就是以古今中西之学绘制的政治蓝图,这既是其政治思想的出类拔萃之作,也是学以致用的精神在他身上的突出表现。刘光蕡认为,西方国家所以富强,关键在于其学切实浅近,以实用为学。算学对实用之学的作用特别大,是机器制造、化学、医学、电报、地矿等各学之门径,"西人富强,以制器精奇,原本算术"。因此,凡有志于时世,有志于国家昌盛的学者,"均需学算"。味经书院的算学、天文、地理诸课,就是在这样的指导思想下开设的。刘光蕡主持刊印了《梅氏筹算》《平三角举要》等书,并为之作序,引导学生学习算术等实用之学。1896年,刘光蕡又敦促地方当局筹建崇实书院,并出任书院山长。同时他又在"时务斋"的基础上设"政事""工艺"二斋。刘光蕡是实用之学的身体力行者,在他的指导下,1898年4月。工艺斋制造人工轧花机一台。他还亲自设计并制造了一架20锭的纺织机。另外,他在书院设"制造处",专供学生考求工艺、仿制器具之用。在味经书院内收茧缫丝,以推动植桑养蚕形成风气。这些都体现了他崇实和务实的教育主张。刘光蕡曾亲自制定六点学规,即"励耻、习勤、求实、观时、广识、乐群"。励耻在于奋发图强,乐群意欲集思广益.其余四点无不与实用实学有关。他这种崇实致用的思想,在教育方面表现出的是教育救国的思想,从政治经济上看,可以说他企图走实业救国的道路。

(5)同治光绪时期陕西书院的教学管理。

教学管理。正如在前面已经论述过,这一时期的书院处于转型过渡期,在其教学活动中,一个书院的教学内容已经不仅仅是纯粹的程朱理学或者是汉学一统天下,在味经书院中,理学的四书五经学生要学,汉学所要求的十三经学生也要学习,同样,实学也要学习。这个书院,已经具备了现代学校兼容并包的教学理念了。

味经书院的教学特色不是表现在"学什么",而是表现在"怎么学"。这种教学方法的重大变化,首先是会谈,是教师和学生在每半个月有一到三次不定期的座谈,座谈期间教师只是听学生对于学习的感受和见解,畅所欲言,没有拘束,"不拘日数,中间、两边设山长、监院座,东西间设长凳分坐,诸生或发明数日,欲言之理,或间论古今,言之所在,不拘不束"。其次是容外人会讲,这种会讲打破了传统的讲会方式,已经不单是在学问上享有盛名的人,而且对主讲者的讲授内容不作要求和规定;在会讲期间,书院以外的一切人员都可以前来听讲,"会讲日,院外农工商贾有愿听讲小学者,尤为可嘉,宜引入门",书院的开放性由此可见一斑。

从刘光蕡汇集的《陕甘味经书院志》就会发现,与先前各书院志的记述不同之处是,味经书院对于学校运行的规定,首先是从书院日常事务如财务、膏火、人员聘用等等方面着眼的,这就说明,发展了数百年的古代书院,在总结了以往各时期书院经办的兴衰经验以后,意识到,对于书院的如何管理,才是书院能够兴盛和泽被后代的极其重要的原因,因而,把书院的"管理"规定列于书院志之首要地位,显示出了在旧式书院向新型书院过渡之前的教育管理者们教育理念和管理理念的变化痕迹。

味经书院的独特之处还在于,他开始把心理学引入到学校管理当中,《陕甘味经书院志之教法第五上》,"斋房宜勤察,勤则师生隔阂之弊除矣"。其要求教师勤于检查学生的饮食和住宿情况,目的是为了"消除"师生之间的隔阂;"分劳不可少,则师生之情谊易通","院长全在提振诸生精神,整肃书院规矩,日日心在诸生身上操用一番,日日身在各号门上行走一番,在讲堂上静坐一番,则一日之间,院内之气常清,而师生之气常相贯矣"。这是对书院院长的要求,院长多辛苦一些,每天都与学生保持联系接触,这样就可以在师生之间建立情谊,并且在书院校园里弥漫着融洽的师生关系。不仅如此,味经书院对人学习的效果问题从科学的角度予以安排,"课卷宜早发,则诸生之精神易振"。

(6)藏书。

明代的宏道书院就很注重藏书,书院的图书主要依靠书院建立者王承裕的捐赠,因而其藏书量与刻书业普遍发展起来以后的晚清时代的味经书院藏书相比,的确数量不大。从现存清代的陕西各书院志中,对于书院的藏书记载资料很少。《陕甘味经书院志之刊书第六》后附有藏书一节,简略记述了书院藏书,这些书的来源主要有:

各宪、所捐赠。这部分书即由上级官员和部门捐赠:

提督学院许颁发四千零九十卷;

巡抚部院邵颁发四百四十卷;

提督学院吴颁发七十五卷;

总督部堂左颁发五十卷;

督粮道曾颁发六千零三十七卷;

泾阳县正堂易颁发四百三十九卷;

泾阳县正堂涂颁发一千二百一十四卷。

书院自置:书院自置七百五十八卷。

私人捐赠:私人捐赠者未被记录姓名,但藏书记末句"除前后各宪所所颁、书院自置外,余皆学使所发"。"学使所发",即就是学使捐赠的图书。

(7)清代陕西书院对古籍的刊刻。

清代书院收藏和刊刻古籍已经比较普遍。陕西的各地书院在刊印古籍和传播文化方面，做了大量的有益工作。

在众多的书院中，关中书院、宏道书院、西河书院、横渠书院、少墟书院等等都曾经刊刻甚勤，其中尤以味经书院、宏道书院刊刻最为丰富。

以味经书院为例，《陕甘味经书院志·刊书第六》记载了味经书院创设刊书处的经过和组织、管理、经费筹措、刊印书籍的内容、刻工人员等等。先是说明书院刻书的历史久远源自于宋，书院所刻之书称为院本："版印书籍，盛行于宋，其事多领于书院，所谓院本也。中兴以来，各直省多设书局，然领于官吏，不领于师儒，则存古籍之意多，而教士子之意少。陕独后起，制乃和于古则，独后者，安知不独久也？昔阮文达设诂经精舍於浙，浙之古学大兴。他日，陕士辈出，此举殆为之兆矣。"书院刊书处创设的时间、地点、经过："光绪十七年，岁在辛卯。秋八月，陕西提督、学政武昌柯创立刊书处于书院之东，以院长总其事，以监院为局董事，司财用出入及一切刊刷之事。以肄业生任校雠。"但是，书院刊书的经费问题也一直干扰着这一刻书计划的进展，因而，吸收社会各界人士的慷慨捐资以延续文化之薪火相传，成了书院的一项大事。"其刊书以十三经、廿四史为主，旁及《通鉴》《通典》《通志》《通考》一切子集、掌故、有用之书，其赀则公出千金以倡之，得自泾阳者五千金，得自三原者一千金，得自各县者若千金。柯公又捐廉千以益之。临潼同知衔傅万积承父志，刻十一经读本。咸宁孀妇赵刘氏承夫志，欲刊书籍，咸输资附之。"对于书院功用的认识，不仅仅是享有俸禄的公家人，也有家道殷实的贤达志士,更有目不识丁但却能够深谋远虑的乡间村妇。

味经书院把本书院的刊刻书籍及相关内容记载详细,使我们今天能看到一些书院刻书的资料。下表是由陕西各书院刊刻的部分古籍:

书　名	时代	作者	书院
玉披奏议 六卷一部二册	明	张　原	宏道书院
脉经真本 十卷一部四册	晋	王叔和	宏道书院
济阳纲目 百八卷一部四十八册	明	武之望编	宏道书院
化学讲义 不分卷铅印本一部一册			宏道书院
宏道高等学堂预科中国地理讲 一卷一部一册			宏道书院
惜阴轩丛书三百二十卷一部百二十册	清	李锡龄编	宏道书院
泾野别集 惜阴轩丛书	明	吕　柟	宏道书院
王康僖公文集	明	王承裕	宏道书院
乡议	明	王承裕	宏道书院
黄花集七卷惜阴轩丛书李锡龄校刊	明	张　原	宏道书院
熙田先生文集惜阴轩丛书李锡龄校刊	明	马　理	宏道书院
屹河图	明	温日知	宏道书院
自愉堂文集 惜阴轩丛书李锡龄校刊	明	来俨然	宏道书院
阳伯文集 惜阴轩文集	明	来　复	宏道书院
四吟稿惜阴轩丛书李锡龄校刊	明	马逢皋	宏道书院
阳伯诗集 惜阴轩文集	明	来　复	宏道书院
元扈山房诗文集 李锡龄校刊	明	梁尔升	宏道书院
张子全书 八册			横渠书院
近思录集注 四册			少墟书院
训士 一卷五部每部一册	清	王　植辑	关中书院
朱子大全集 百卷附续集十一卷	宋	朱　熹	关中书院
赋则 四卷四部每部二册	清	鲍桂星	关中书院

书　名	时代	作者	书院
关学编	明	冯从吾	少墟书院
泾野文集 三十八卷 续八卷	清	杨浚重编校	关中书院
性理三解、易占经纬、五泉遗书 合刻	明	韩邦奇	西河书院
西河古文录 诗录	清	李元春	西河书院
周易述义 十卷	清	高宗敕纂	味经书院
毛诗注疏 七十卷 附校勘记	唐	孔颖达疏阮元校	味经书院
周礼注疏 四十二卷附校勘记	唐	贾公彦疏阮元校	味经书院
礼记郑注 二十卷	汉	郑玄 注	味经书院
春秋公羊传	汉	何休	味经书院
尔雅注疏 附校勘记 十卷	宋	邢昺疏 阮元校勘	味经书院
史记 百三十卷 二部 每部三十二册	汉	司马迁	味经书院
前汉书 百二十卷 六部每部四十八册	汉	班固	味经书院
后汉书 百二十卷 七部每部三十六册	宋	范晔	味经书院
史记校勘记 百二十卷 五部每部六册			味经书院
前汉书校勘记 百卷 六部每部六册			味经书院
五代史校勘记 四部每部四册			味经书院
支那通史 四卷 一部五册		（日本）那可通世编	味经书院
普通新历史 十章 一部二册		（日本）不著撰人名氏	味经书院
世界近世史 五编		（日本）松平康国著	味经书院
西洋史要 四期 一部四册	清	（日本）小川银次郎著 樊炳清译	味经书院
地理全志 不分卷 十三部 每部二册		（英国）慕维廉	味经书院
地理全志 又十三部 石印本			味经书院
西游录 不分卷 一部一册	元	耶律楚材	味经书院
探路记 十五卷 五部每部一册		（法国）晁西士加尼	味经书院
陕西味经书院志 一卷五部 每部一册	清	刘光蕡	味经书院
原富			味经书院

书 名	时代	作者	书院
中俄交涉记 三卷 五十三部 每部一册	清	江 标	味经书院
陕西味经书院藏书目录 一卷二部 每部一册	清	刘光蕡	味经书院
呻吟语 六卷 俯补遗 三部每部六册	明	吕 坤	味经书院
蚕桑备要 四卷 附蚕桑指误及井利图说一部一册		刘青藜补辑	味经书院
九数通考 十二卷 九部每部八册	清	屈曾发辑	味经书院
算学笔谈 十二卷 五部每部六册	清	华蘅芳	味经书院
课考丛钞 不分卷 一部八册	清		味经书院
代数术 二十五卷 十部每部六册	清	傅兰雅译 华蘅芳述	味经书院
微积溯源 八卷八部每部六册	清	傅兰雅译 华蘅芳述	味经书院
白芙堂算书 二十一种 十四部每部四册 笔算、分法、今有术、开方术等21种	清	吴嘉善述 丁取忠补	味经书院
训蒙捷径续编 二卷 一部一册		黄庆澄编	味经书院
史论启蒙 不分卷 一部一册		周雪樵评选	味经书院
东语初阶 二卷 一部二册		不著译者名氏	味经书院
京师大学堂经学科讲义 初编存一册	清	王舟遥	味经书院
京师大学堂伦理学讲义 初编存一册	清	张鹤龄	味经书院
京师大学堂心理学讲义 存初编二编二册		(日本)服部宇之吉	味经书院
京师大学堂史学科讲义 初编存一册	清	屠寄	味经书院
京师大学万国史讲义 初编存一册		(日本)服部宇之吉	味经书院
京师大学堂地理学讲义 存初编一册	清	邹代钧	味经书院
地理学讲义 一卷 一部一册		(日本)志贺重昂述 萨端 译	味经书院
笔算数学教科书 卷上 四册			味经书院
幼学操身 不分卷 六十部每部一册	清	庆丕 翟汝舟编	味经书院
养正遗规 一卷 五部每部一册	清	陈宏谋	味经书院

书　名	时代	作者	书院
天演论 二卷 十五部 每部二册		（英国）赫胥黎著 严　复译	味经书院
读书境 二卷 一部二册	明	陈继儒	味经书院
劝学篇 一册			味经书院
陕西校士录 四卷 二部每部四册	清	赵维熙	味经书院
普通学歌诀	清	张鹏一	味经书院

六 陕西书院改学堂

1. 书院改学堂的背景

光绪二十二年（1896年），山西巡抚胡聘之等奏请变通书院章程，并课天算、格致等学。胡在《请变通书院章程折》中说："查近日书院之弊，或空谈讲学，或溺志辞章，既皆无裨实用，其下者专摩帖括，注意膏奖，志趣卑陋，安望有所成就？宜将原设之额，大加裁汰。每月诗文等课，酌量并减。然后综核经费，更定章程，延硕学通儒，为之教授，研究经义，以穷其理，博综史事，以观其变。由是参考事务，兼习算学，凡天文、地舆、农务、兵事与夫一切有用之学，统归格致之中，分门探讨，务臻其奥。"（《时务报》）刑部侍郎李端芬则认为书院积苛太深，改书院为学堂，先行改革试点。

光绪二十四年（1898年），戊戌变法，大力兴学。新旧势力争执不休,有人提出改书院为学堂,有人提出振兴学校书院。光绪二十八年(1902年)八月,光绪下诏,将各省所有书院,于省城均改设大学堂,各府厅及直隶州均设中学堂,各州县均设小学堂,并设立蒙养学堂。

2. 陕西的书院改学堂

在政府明令下,光绪二十九年(1903年),陕西巡抚升允改关中书院为第一师范学堂。光绪二十八年,(1902年)泾阳泾干书院改为县立高等小学堂;光绪三十二年(1906年)改为县初级师范学堂;宣统元年(1909年),改为县初等农业学堂。光绪二十八年(1902年),督学沈卫把泾阳味经书院和崇实书院并入宏道书院,改名为宏道工业学堂。光绪三十二年(1906年),咸阳渭阳书院改为县高等小学堂,临潼横渠书院改为临潼高等小学堂。以下是光绪三十四年(1908年)陕西各地书院改学堂的统计表:

光绪三十四(1908)年陕西省各地方书院改学堂统计表

州县	学校名称及数量	沿革	备注
潼商道	官立关西初级师范学堂	光绪三十二年由关西书院改建	关西书院,1729年张正瑗建,在潼关县道署西
西安府	官立中学堂	光绪三十一年建	原有1609年创建的关中书院
孝义厅	官立高等小学堂	光绪三十二年由原书院改建	
宁陕厅	高等小学堂	光绪三十一年太乙书院改建	

州县	学校名称及数量	沿革	备注
长安县	官立高等小学堂	光绪三十二年由少墟书院改建	又有初等小学堂及回坊半日学堂数处
咸宁县	官立高等小学堂	光绪三十二年创建	县治东北有1314年创建的鲁斋书院
咸阳县	官立高等小学堂	光绪三十年由渭阳书院改建	
兴平县	官立高等小学堂	光绪三十年由书院改建	原有槐里书院
临潼县	官立高等小学堂	城内及关山镇由横渠、渭北书院改建雨金镇学堂系光绪三十二年创建	横渠书院,1698年赵于京创立
高陵县	官立高等小学堂	光绪三十一年创建	原有创建于元延右初的渭上书院
	公立初等小学堂（数处）		原有泾野书院（在县城内）、景槐书院
户县	官立高等小学堂	光绪二十九年由明道书院改建	原有清代王心敬创建的二曲书院
	公立初等小学堂（数所）		又有美陂书院（在县治西）
蓝田县	官立高等小学堂	光绪三十二年由玉山书院改建	
泾阳县	高等小学堂	由瀛洲书院改建	又有光绪七年建于鲁桥的正谊书院
三原县	官立高等小学堂	光绪三十二年由学古书院改建	学古书院,1320年李子敬创办
	初等小学堂（10所）	内有一所为嵯峨书院改建	原有1496年创建的宏道书院

六 陕西书院改学堂

州县	学校名称及数量	沿革	备注
周至县	官立高等小学堂	光绪三十二年由对峰书院改建	原有县仓右的集贤书院
渭南县	官立高等小学堂（附师范传习所）	光绪二十九年建，在县城	原有五凤书院及景贤书院
	下邽镇高等小学堂	光绪二十九年建	又有象峰书院
富平县	官立高等小学堂	光绪三十二年建，在县城	原有1530年创建的新城书院
	美原镇高等小学堂	光绪三十二年建	又有湖山书院及频阳书院
同官县	官立高等小学堂	光绪三十年创建	原有1529年创建的崇正书院
耀州	官立高等小学堂	光绪三十一年创办	原有北城门外步寿原的文正书院
	初等小学堂（6所）		
商州	官立中学堂	光绪二十八年由商山书院建	商山书院，明嘉靖间郜元洪建
镇安县	官立高等小学堂	光绪三十二年由安业书院建	
洛南县	官立高等小学堂	光绪三十一年由洛源书院改建	
山阳县	官立高等小学堂	光绪三十年由丰阳书院改建	
商南县	官立高等小学堂	光绪二十九年由青山书院改建	
同州府	官立中学堂	光绪三十二年由丰登书院改建	
大荔县	官立高等小学堂	光绪三十二年由冯翊书院改建	

州县	学校名称及数量	沿革	备注
朝邑县	官立高等小学堂	光绪三十年由华原书院改建	原有1731年创建的西河书院
合阳县	官立高等小学堂	光绪三十年由古莘书院改建	
澄城县	官立高等小学堂	光绪三十年由玉泉书院改建	
韩城县	高等小学堂	光绪三十二年由龙门书院改建	原有明崇祯间创建的萝石书院
	初等小学堂		又有汪平书院
白水县	官立高等小学堂	光绪三十二年由彭衙书院改建	原有1639年创建的明德书院，创始人是王无逸
华州	官立高等小学堂	光绪三十一年创建	原有1556年朱茹创建于儒学北街德华山书院及秀峰书院
华阴县	官立高等小学堂	光绪三十一年由云台书院改建	原有1608年创建于青河坪的太华书院
	师范传习所	（原有仰华书院）	又有1612年创建于县东的四知书院
蒲城县	官立高等小学堂	光绪三十二年创建	原有创于明正统的正学书院
	师范传习所（属高小）		又有尧山书院
乾州	官立中学堂（暂名"高小"）	光绪三十二年由乾阳书院改建	
武功县	官立高等小学堂	光绪三十二年由绿野书院改建	野绿书院，1495年杨一清创建

州县	学校名称及数量	沿革	备注
永寿县	官立高等小学堂	光绪三十二年由翠屏书院改建	
彬州	官立中学堂	光绪三十二年由紫微书院改建	
三水县	官立高等小学堂	光绪三十一年由乐育书院改建	乐育书院,明万历文在中创建
淳化县	官立高等小学堂	光绪三十二年由云阳书院改建	
长武县	官立高等小学堂	光绪三十一年由宜山书院改建	
凤翔府	官立中学堂	光绪三十二年创建	原有1329年创建于府治东之岐阳书院
凤翔县	官立高等小学堂	光绪三十二年由正谊书院改建	
岐山县	官立高等小学堂	光绪二十八年由凤鸣书院改建	又有县城东关的三王书院
宝鸡县	官立高等小学堂	光绪三十一年由金台书院改建	又有城东的鸡峰书院
扶风县	官立高等小学堂	光绪三十二年由多贤书院改建	多贤书院,明弘治时创建于飞凤山
眉县	官立高等小学堂	光绪三十二年由横渠书院改建	横渠书院在县东50里,创于宋、元
麟游县	官立高等小学堂	光绪三十二年由凤仪书院改建	
千阳县	官立高等小学堂	光绪三十一年由启文书院改建	
陇州	官立高等小学堂	光绪二十九年由五峰书院改建	原有明弘治间阎仲实创建的岍山书院

州县	学校名称及数量	沿革	备注
汉中府	官立中学堂	光绪三十一年由汉南书院改建	
定远厅	官立高等小学堂	光绪三十一年由班城书院改建	
留坝厅	官立高等小学堂	光绪三十二年由紫柏书院改建	
南郑县	官立高等小学堂	光绪二十九年由天台书院改建	
褒城县	官立高等小学堂（2所）	光绪三十二年由连云、廉泉二书院改建	一在县城内，一在南乡高台镇
城固县	官立高等小学堂	光绪三十二年由乐城书院改建	
洋县	官立高等小学堂	光绪三十二年创建	原有城内南街的定淳书院
西乡县	官立高等小学堂	光绪三十一年创建	原有县城西门的丰宁书院
凤县	官立高等小学堂	光绪三十二年由凤翼书院改建	
宁强县	官立高等小学堂	光绪三十三年由振文书院改建	
勉县	官立高等小学堂	光绪三十一年由勉阳书院改建	原有1542年创建于卧龙岗后之龙冈书院
兴安府	官立中学堂	光绪三十三年由关南书院及考院改建	原有兴安府城西的文峰书院
汉阴厅	官立高等小学堂	光绪二十九年由育英书院改建	
砖坪厅	官立高等小学堂	光绪三十一年由烛峰书院改建	

州县	学校名称及数量	沿革	备注
平利县	官立高等小学堂	光绪三十二年由五峰书院改建	又有城东之锦屏书院
镇坪分县	官立高等小学堂		
洵阳县	官立高等小学堂	光绪三十年由考院改建	原有县城之敷文书院
白河县	官立高等小学堂	光绪三十年由天池书院改建	
紫阳县	官立高等小学堂	光绪三十二年创建	原有县城西之仙峰书院
石泉县	官立高等小学堂	光绪三十年由石城书院改建	
延安府	官立中学堂	光绪三十一年由和鸣书院改建	原有宋范仲淹创建的嘉岭书院
肤施县	官立高等小学堂	光绪三十二年由金明书院改建	又有府城北关的云梦书院、城北艳阳谷的龙溪书院、城内云岩书院和杨公书院
	初等小学堂(4所)		
安塞县	官立高等小学堂	光绪三十一年由莘笙书院改建	原有城西之新乐书院
	初等小学堂(2所)		
甘泉县	官立高等小学堂	光绪三十二年由定阳书院改建	
安定县	官立高等小学堂	光绪三十二年由文笔书院改建	又有县城东之汾川书院
宜川县	官立高等小学堂	光绪三十年由丹山书院改建	原有县治西南之瑞泉书院

州县	学校名称及数量	沿革	备注
延长县	官立高等小学堂	光绪三十一年由育才书院改建	原有县城内的延长书院
延川县	官立高等小学堂	光绪三十二年由登峰书院改建	
定边县	官立高等小学堂	光绪三十二年由定阳书院改建	
靖边县	官立高等小学堂	光绪二十八年由崇正书院及蒙正学堂改建	
富州	官立中学堂	光绪三十二年由经正书院改建	
洛川县	官立高等小学堂	光绪三十二年由朝阳书院改建	原有明崇祯间刘三顾创建的泰征书院
中部县	官立高等小学堂	光绪三十一年由桥山书院改建	
宜君县	官立高等小学堂	光绪三十年由文兴书院改建	
绥德州	官立中学堂	光绪二十九年由雕山书院改建	又有绥德城内之重问书院
米脂县	官立高等小学堂	光绪三十一年创建	
清涧县	官立高等小学堂	光绪二十九年由笔锋书院改建	
吴堡县	官立高等小学堂	光绪三十年由原书院改建	
榆林县	官立中学堂	光绪三十年由榆阳书院改建	
府谷县	官立高等小学堂	光绪三十二年由荣河书院改建	
葭州	官立高等小学堂	光绪三十年由政乡书院改建	
怀远县	官立高等小学堂	光绪三十二年由岩绿书院改建	

3. 陕西宏道高等学堂章程

《陕西宏道高等学堂章程》(以下简称《章程》)无论在形式、内容还是在条理性方面,完备而规范,其特点如下:

(1) 分类细致。

《章程》包含学堂通则和讲堂规则以及教员预备室、礼堂、斋舍、会食堂、图书器具室、阅报室、应接室、职员会议、外客观学、浴室、调养室等规则,并对学堂内各级各类管理人员如监督、教务长、庶务长、斋务长、教员、掌书官、杂务官、文案官、监学官、检察官、董事、级长、学生、堂役等的职责范围作了细致规定。从宏观上看,这一章程所涉及的内容,与现代学校办学过程中要涉及到的各个环节中的方方面面相同,几乎都作了规定。

在通则中,《章程》又从八个方面(即总义、学科年限、学年学期、学级、休假、入学退学、考试、赏罚)对于学生从开始进入学堂学习以及要面临的各种问题从学籍管理的角度给予比较详细的规定。

(2) 职责分明。

在讲堂、图书器具室等十二项规则之中,各规则涵盖面广泛。例如在讲堂规则中,就对教员和学生各自的职责均有规定。上下课时间:"闻上堂号音后,学生不得迟至三分钟后始上堂,教员不得迟至五分钟后始上堂";学生在上下课向教师致敬:"教员上堂,学生必起立,下堂亦如之";对迟到学生的处理:"教员上堂后学生始上堂者,必说明事故,经教员允许乃得就座";学生座位设置:"学生座位,由教务长酌量情形,按名派定,不得任意搀越";回答问题:"教员考问,学生必起立致答教员所讲授,学生或未能领解,亦必于下堂前五分钟起立请质,声音俱以全级能听为度";上课期间的会客:"在教授时限内,无论教员学生亲友来堂,门夫均不得通报";以及擦黑板:"教员下堂时,必将黑板上字迹擦拭净尽"。

庶务长、斋务长、杂务官、级长、堂役等人的职责分明,要求各人各司其职,不得擅离职守,严格遵守岗位职责。例如,堂役包括缮书、门夫、茶房、斋夫、杂差和更夫等,每个人所做的事情都不一样:"堂役职务:缮书,誊写一切册簿公文;门夫,分班照料出入兼扫除大门、二门内外,客至必正立询明,导至应接室,通知职员或学生,每日黎明开门,晚以九点钟闭门,非有紧要公务,不得擅开;茶房,供给茶水,不得缺之;斋夫,料理斋舍一切杂事,伺应学生兼司学生寝兴及会食时号音;杂差,承管理各员之命,办理一切杂务,每早清除大小便所;更夫,往来巡更,不得贪眠、错误,并宜留心火烛。"但正是每个人的恪尽职守,才使得学堂的公文、门禁、饮水、作息和安全有了保障。

(3)管理规范。

从宏道高等学堂的各项规定和职责条例中,可以看出在学校管理的各个环节中,宏道高等学堂管理比较规范,制度完备。例如,教务长的职务之一是"编制各表薄",表薄共计五种:

"甲　学科程度及每星期教授时刻表;

乙　每星期学科时刻配当表;

丙　学生成绩表；

丁　教员缺课薄；

戊　学科进步表。"

这种表薄的制作，使得教务长在行使管理职责的时候，有据可依。弘道高等学堂的管理制度，即使对于管理中有可能出现问题的很小的一个方面，也都有具体的要求，无疑，它对于后代学校的教育管理，也有不少启发。

七　附录：陕西书院资料选辑

关中书院会约

［明］冯从吾

会期每月三会，初一、十一、廿一。以中午为期，不设酒醴，不用柬邀。大家初会相拜，止于会中行之，不必各各登门，以滋劳扰。若别有请益，不在此例。

会期讲论，勿及朝廷利害、边报差除，毋及官长贤否、政事得失，毋及各人家门私事与众人所作过失及词讼请托等事、亵狎戏谑等语。其言当以纲常伦理为主，其书当以四书、五经、《性理》《通鉴》《小学》《近思录》为主，其相与当以崇真尚简为主。务戒空谭，敦实行，以共任斯道，无令乡之先达如横渠、泾野诸先生专美于前可也。

会中一切交际俱当谢绝，此正崇真尚简处，彼此各宜体谅。若中有至亲旧友，不因学会相与者随便。

彼此讲论，务要平心易气，虚己下人。即有不合，亦当再加详玩，不可自以为是，过于激辩。昔张横渠先生，一夕与二程论《易》，次日语人曰：比见二程深明《易》道，吾所弗及，汝辈可师之。程伊川先生见横渠《订顽》，曰：是起争端。改为《西铭》，且曰：某兄弟无此笔力。又曰：自《孟子》后未见此书。观此，足见二子舍己从人，取人为善。邹鲁真传，正在于此。若以自是为自信，主意一定，无复商量，如此，纵讲得是，亦为不是，况又未必是乎？近世学者多坐此病，吾辈当共戒之。

坐久兴到，愿歌诗者歌诗数首，以畅涤襟怀。子与人歌而善，必使反之而后和之，气象何等从容，诚意何等恳至，即此是学。

学之不讲，孔子忧之，况于学者。今吾辈讲学于此，非徒教人，乃所以自求其益耳。何也？人心易放，学问难穷，无论浮湛世味，悠悠岁月，即使今日行义超卓，尽足树立，苟以此自足自满，不复求益，宁保终身之不改行改玉乎？即不然，宁保终身之不南越北辕乎？故亲师取友，一则夹辅切床劘，使不致放逸其心；一则问津指路，使不至错用其功耳。总之，自求其益，非所以务外徇人也。故邹东廓先生有云：学之不讲，圣门所忧。所谓讲者，非以资口耳，所以讲修德之方法也。下文所指闻义而徙，不善而改，便是讲学以修德实下手处。而吕泾野先生亦云：学不讲不明，非是自矜，将验己之是非。又云：道学之名亦不消畏避人知，方是真做，才有避人知的心，便与好名的心相近。此皆前辈折肱之言，吾辈不可不潜心体验者也。

古今理学名儒,标宗立旨不翅详矣。阳明先生揭以致良知一言,真大有功于圣学,不可轻议。且如吾辈,今日讲学于斯,其于圣贤道理发挥亦可谓极明畅矣,不知各人心中一点真伪处,大家得而知之乎否?各人饬躬励行,亦可谓极真切矣,不知其心中一点安勉处,大家又得而知之乎否?大家虽不得而知,其各人心上一点良知明明白白,一毫不可得而昧也。吾辈今日为学不在远求,只要各人默默点检自家心思,默默克治自家病痛,则识得本体,自然好做工夫。由是,亲师取友,其益自尔无穷耳。不然,瞒昧此心,支吾外面,即严师胜友,朝夕从游,曷益乎?此先生致良知三字,所以大有功于圣学也。若夫着实用功,各求其所以致之之道,则在吾辈,大家勉之耳。

人非圣贤,孰能无过。故颜子好学,不迁怒、不贰过而止耳,无他奇术秘诀也。今吾辈发愤为学,断当自改过始。余每见朋友中背后多议人过失,当面反不肯尽言,此非独朋友之过,或以彼此未尝开心见诚,以"过失相规"四字相约耳。今愿与吾辈约,以后会中朋友偶有过失,即彼此于静所尽言相告,令其改图,不惟不可背后讲说,即在公会中亦不可对众言之,令人有所不便。于己固不当以一眚而甘于自弃,于人亦不当以一眚而阻其自新,交砥互砺,日迈月征,即此便是学颜子之学。不然,讲论虽多,亦奚以为哉?此改过所以为圣学第一义,故于约中特言之,其他不能具而悉也。

士　戒

[明]冯从吾

毋自恃文学,违误父兄指教。

毋妄自尊大,侮慢宗党亲朋。

毋对尊长哕噫嚏咳,欠伸跛倚,睇视唾演,及撒手交足等弊。

毋在稠众中高谈阔论,旁若无人。

毋假以送课,遍谒官长,以希进取。(或官长有命,不得已,录送可也。)

毋争强好胜,擅递呈词。(或父兄有命,亦当委曲劝化,必万不得已方可。)

毋借人书籍不还及致损污。(言书籍,则凡物可知。)

毋到人书房窥看私书簿籍及称夸文房器具。

毋拣择衣服、饮食及致饰车马等物。

毋见人贫贱姗笑凌辱,见人富贵叹羡诋毁。

毋结交星相士术及扶鸾厌镇诸凡无籍之人。

毋看《水浒传》及笑资戏文诸凡无益之书。

毋撰造词曲、杂剧及歌谣、对联,讥评时事,倾陷同胞。

毋替人撰造揭帖、词状及私约、书札。(此二段,每见人有犯之者,往往明罹王法,幽遭天谴。)

毋轻易品评前辈著作及学问浅深、行事得失。

毋彼此约分饮酒游乐。

毋唱词、作戏、博弈、清谈。

毋出入酒馆，纵情声妓及更深夜静方才到家。（如亲朋召见，席间有妓，宁辞而不往可也。）

毋哄人、詈人并议论人家私事。

毋作课之日轻易告假，彼此说话、看稿，以乱文思。

以上数款，皆余髫年所闻于长老先生者，故不惮谆谆为诸生言之。诸生其慎听毋忽。

谕　俗

［明］冯从吾

千讲万讲，不过要大家做好人，存好心，行好事。三句尽之矣，因录旧对一联：

做个好人，心正身巡魂梦稳；

行此善事，天知地鉴鬼神钦。

余与诸同志讲学关中书院，会凡旬日一大举。凡农工商贾中有志向者，咸来听讲。且先问听讲何事，余惧夫《会约》之难以解也，漫书此以示。若夫临时问答，各随其人，不具论。

关中书院会约（节选）

［清］李颙

关中书院自少墟冯先生而后，学会久已绝响。今上台加意兴复，此当今第一美举，世道人之幸也。诸同志川至云集，相与切劘，虽颙以之不肖，亦获滥厕会末，振颓起惰，叨益良多。众谓会不可以

无规,促颙揭其概,谊不得固辞,谨条列于左:

每年四仲月一会讲,讲日午初击鼓三声,各具本等服帽,同诣至圣前四拜礼,随至冯恭定公少墟先生位前,礼亦如之。礼毕,向各宪三恭,然后东西分,相对一揖就座,以齿为序;分不可同班者,退一席。讲毕,击磬三声,仍诣至圣前,肃揖而退。

先辈开讲,恐学者乍到气浮,必令先斋戒三日,习礼成而后听讲,先端坐观心,不遽与言。今吾辈纵不能如此,亦须规模静定,气象安闲,默坐片晌,方可申论。

先辈大堂开讲,只统论为学大纲,而质疑晰惑未必能尽。盖以大堂人士众多,规模宜肃,不肃则不足以镇浮嚣、定心志。私寓则相集略少,情易孚,意易相契,气味浃洽,得以畅所欲言。吾辈既效法先觉,不可不循其渐次。大堂统论之外,如果真正有志进修,不妨次日枉顾颙寓,从容盘桓,披衷相示,区区窃愿谬竭愚悃,以效蒙瞽之诵。

先辈讲学大儒,品是圣贤,学是理学,故不妨对人讲理学,劝人学圣贤。颙本昏谬庸人,千破万绽,擢发难数,既非卓品,又无实学,冒昧处此,靦颜实甚,终不敢向同人妄谈理学,轻言圣贤。惟愿十二时中念念切己自反,以改过为入门,自新为实际。诸同人质美未凿,固无过可改,然盛德大业,贵乎日新,亦不妨愈加淬砺,勉所未至。

吾人苟能奋志求新,痛自洗剔创艾,不作盖藏,方始有益。昔齐宣王自谓好勇好货好色,肯将自己所受之病,一一向孟子面前陈说,略无一毫隐讳,所以孟子惓惓属意于王,以为足用为善。譬之病人,不自讳忌,肯将自己病源一一述出,令医知其标本所在,药始中病。

苟为不然,即有万全良剂,与症不对,亦何补哉?今吾人相聚切磋,慎勿蔓衍泛谈,所贵就症言症,庶获见症商症,以尽忠告之益。

晤对之余,各宜打并精神,默坐澄心,务令心澄神怡,表里洞然,使有生以来一切嗜好,一切外慕,及种种技能习气,尽情融销,洁洁净净,无一毫牵缠粘滞,方有入机。

用力吃紧之要,须着着实实,从一念独知处自体自认,自慎几微,此出禽入人、安身立命之大关头也。此处得力,如水之有源,千流万派,时出而无穷矣。若只在见解上凑泊,格套上摹仿,便是离本逐末,舍真求妄,自蔽原面,自梏生机。

语称"疑思问"。《中庸》谓:"有弗辨,辨之弗明,弗措也。"吾人苟真实刻苦进修,则问与辨又乌容已!譬之行路,虽肯向前直走,若遇三岔歧路,安得不问?路上曲折,又安得不一一辨明?故遇歧便问,问明便行,方不托诸空言。若在家依然安坐,只管问路辨程,则亦道听途说而已矣。夫道听途说,为德之弃,吾人不可不戒。

迩来有志之士,亦有不泥章句,不堕训诂,毅然以好学自命者,则又舍目前进步之实,往往辨名物、徇象数,穷幽索大,妄意高深。昔人所谓:"自笑从前颠倒见,枝枝叶叶外头寻。"此类是也。吾辈宜深以为戒,要在切问近思,一味着里。

静能空洞无物,情淙深忘,而征之于动,犹有渗漏,终非实际。故必当机触境,此中莹然湛然,常寂常定,视听言动复礼,喜怒哀乐中节,纲常伦理不亏,辞受取与不苟,富贵贫贱一视,得失毁誉不动,造次颠沛一致,生死利害如常。如是则动静协一,体用兼尽,在一家表正一家,在一乡表正一乡,在一国表正一国,在天下表仪天下,为法于天下,可传于后世,方不枉。今日往来书院,群聚切劘,否则一行玷缺,便亏生平,不但明为人非,幽为鬼责,即反之自己灵明,亦觉气馁神歉,踧踖弗宁;且贻口实于无穷,曰:"此关中书院平日志学之人也,今乃如是,是学之无益于人也。其为学脉之蠹,孰大于是?吾侪慎诸。"

以上数条,躬所未至,姑诵所闻,窃比工瞽,诸同人倘不以人废言,愿与共勉之。

关中书院课程五则

[清]谭钟麟

重躬行

书院以朱子白鹿洞规为式,而本原义蕴之详尤在《小学》一书。案《小学》所载实与洞规相表里,学者须讲求其指籍为先路之导。此书洞悉,并进以《近思录》,则知义理之精微。朱子四书注皆发源于此,诸生将二书熟读,日夕讨论,反之于身,觉有不合迅即克去。如是用力两三月,然后从事经史。其四子书义素未深究者,则从事四子书。依程朱所云,先《大学》,次《论语》《孟子》《中庸》,玩味朱子章句、集注,或问参看大全、陆清献《松阳讲义》,反己体察则道不远矣。

讲经义

古昔圣贤之道具于经书,而精求贵在循序。元时,程敬叔有《读书分年日程》,言之綦悉,其法实本之朱子,穷经者所不能外也。四子书章句、集注,学者自幼诵习,时加体会外,《易》《诗》《书》《礼》《春秋》宜各就性之所近,先专治一经。治经者,先从事钦定及注疏、诂训,点画声音正之《尔雅》、许氏《说文解字》、陆氏《经典释文》,必如洞规所云,"博学""审问""慎思""明辨",而后可以言穷经。

稽史事

先经后史,古人定序也。经义既明,次乃治史。其有于各经粗知大义即乐,观史者自可为之通其变。史书莫善于司马文正之《资治通鉴》及朱子之《纲目》,今宜以此为主,辅以各正史。至宋元有毕氏之《重修通鉴》,视薛方山本为详赡,可以参观。《纲目》则商文毅有《续前明纲目》,钦定《明纪》三编之作,体例非商氏所及,合观之而史学备矣。

通时务

经经纬史,皆立身行道资也,而尤贵知时务之要。宋安定胡先生创设"经义""治事"两斋,实得唐虞命官、孔门分科遗意。应考各书,除诸史志、三通及诸家文集记载外,近陆中丞耀辑昭代之善言经济者,为《切问斋文钞》,贺方伯长龄复扩为《经世文编》,至详且备。然观安定之教专治一事,或又兼一事。朱子《学校贡举私议》时务亦分年以治,学者必先专心一二事,由源及流,参以阅历,归于实得。陈文恭有言,学者必看邸报,可知时务,亦宜载入课程。

严课程

诸生各置一簿,每日晨起、午前专治所业经史、时务,午后温习性理四书及他经，灯下再将所治推求，归于至当。师长亦置课簿，分别具载。三月小比，三年大比，以告于主持风教者而进退焉。

玉山书院规条摘要

[清]庄逵吉

每月大课二次，定于每月初二日师课，十六日官课，扃门课试，兼课生童，每课四书文一篇，五言排律诗一首，申刻交卷。如有继烛及携卷出做者，定置末卷。

每月师课两次，定于每月初八、二十二日，专课童生。凡在书院肄业者当日交卷，其有离城稍远者，领题外作，次日清晨交卷，如有过辰交卷者，置末。

科场年每月加课一道，官师分校。定于每月初一、十一、二十一三日，专课诸生，照科场出题作文，次日申刻交卷，日入不完者不阅。

诗文中字样如犯科场贴例者，一照科场贴例，榜示讲堂。

诗中失粘为科场大病，课卷如有失粘者，每一字罚钱五文，出句用平声住脚者，罚钱二十文，至一三五如不调谐，即是失粘，俗论所为一三五不论、二四六分明者，断不可从。

应课生童于大课日期或有事故不能到者，须先期或亲身或遣人于书院山长处告假。

大课诸生取在前五名者给银五钱，六名至十名者给银三钱，童生取在前五名者给银三钱，六名至十名者给银二钱。

每课设午饭一顿，款待诸生。每六人饭一桌，每饭一桌两素六荤,饭米二升,酒一壶。山长特自一桌,于讲堂齐集共食,诸生分生童,各以齿序,不得凌乱。

凡品行不端者,不得肄业书院。

书院原有方桌一张,长桌六张,板凳六条(乾隆五十年)。九年岁贡生王有造捐置长桌七张,板凳十条,课期均匀共坐,不得占据,有伤恕道。

书院未设膏火以养诸生,难以强人住宿,其愿来居住者听。

凡应课之人,往者不追,来者不拒。惟告假三课而复到者,即算初到,虽文佳前列,亦将奖赏扣下,以与最不间断者。

酌定玉山书院肄业生童章程

[清]胡元瑛

查玉山书院建置多年,经费每不敷修脯之用,至生童膏火更无所出,故虽有书院,而肄业者阒然。庄前任逵吉曾自捐俸设立生童膏火四十名,并立考课规条。旋经邵前任琨等筹款,经邑绅等公议,每年于正赋外出钱三百千文归入书院,为生童膏火之资,又将韩聘变产入官作为山长修脯之资,其不敷者则县中垫出。本县到任,劝谕渭绅李继广捐地二十八亩,又劝署教谕孙耀祖捐置地四十亩,以帮每年山长修脯之资,其不足者则仍由县代垫也。于是精心甄别,取定额数,并查庄任旧案,仿其所定规条,略为变通,俾肄业生童知所率循,以期垂之久远而不废。今将规条逐一开列如后:

生童正课定额各八名,附课定额各十二名。

生员正课每月给膏火钱一千文，附课每月给膏火钱五百文。

童生正课每月给膏火钱八百文，附课每月给膏火钱四百文。于次月官课之期给发前月膏火。

课期定于每月十二、二十日斋课，初二日官课，如生童有一课不到者，将膏火钱扣除十日。

每次官课，取在五名以内者，俱加奖赏。

官课之期，诸生等务于卯刻齐集礼房注册，听候点名扃试，一文一诗，定于申刻交卷，不得违延。

内舍生童等，一切床桌器用等件，俱自置备。

官课、斋课试卷，俱本县捐廉刷印所散，毋庸诸生自备。

生员如遇乡试、岁科试，童生如府试、三原考试，不到者均不扣膏火。

每月官课、斋课，生员分超等、特等、一等三等；童生分上取、次取、又次取三等。如附课生员有连三次考在前三名者，附课童生有连三次考在上取前三名者，附课均补作正课。

正课生员有连三次考在一等者，正课童生有连三次考在又次取者，正课均降为附课，附课均扣除。

逢乡试年份，外加附课生员十名，以二月为始，八月停止。

逢乡试，里卫公所捐每人杂费钱五百文。

以上各条，诸生童等各宜凛遵，务当奋志磨砺，以期文教日兴，人材蔚起，本县有厚望焉。

味经书院规制

[清]刘光蕡

惟天子轸念西土,敬教劝学,嘉惠俊髦,学使承流,询于众庶,顺时所适,乃辟讲舍于泾水之阳,颜曰"味经书院",以收陕甘志学之士。礼聘师儒,任以教诲。乃立监院,使总院事,宣学使意于师弟子,俾教不倦而学日勤。监院一人,(旧无定数,后设二人。光绪十七年,学院柯改定,其一人改充刊书处董事,事详后。)斋长二人,(其一定泾阳人,一他县。又院址均吴氏捐入,其子弟有住院者即为斋长,不常置)诸生惟斋舍所容。院书一人,贴写一人,(旧无,光绪十七年学院柯增设)院夫三人,门夫一人,灶夫无定数。

监院司一院财用出入之数,簿书期会之文,及一切礼仪法令之事,时察斋舍以助院长精力之所不及。每岁仲春,车逆院长于其家。至择期入学,知会泾阳县,同院长率诸生行释菜礼后,赴讲堂行入学礼,毕,乃宴。朔、望谒先师亦如之,令节亦如之。岁终又宴,乃出学,车送院长归。凡诸生来院,上名于监院定馆舍,即赘见于师。凡值督抚、学政、藩臬、道府课之月,监院备文预请题目,至期请泾阳县按名散卷,宣示题目及缴卷,监院备文申解,榜归张示院门,院长堂课评定甲乙,由监院登榜。其膏火、奖银,监院各注于其卷,诸生执卷领取。凡书院经费,由藩司发商者,监院备文移县,径详藩司支领,其由学院发商者,监院径移文该县催解,领解到即报闻学院。凡岁出有章者,依章给之,无则小者监院主之,大则请于学院。

院长束脩四百两,以时致之。薪水,监院百两,刊书董事百两,斋长三十六两。工食,院书三十二两,贴写十二两,院夫十八两,有闰十九两。纸笔费,学院署稿房十二两,藩署礼房十二两,议平均给以其时。凡房宇、门窗、案椅、床榻一切器具之类,时周察之,缺损补修,无致破坏。卷纸多寡,视所用,岁终则会计上于学院。

斋长,择诸生之学品优而齿长者为之,帅诸生敬承院长之教,以修其业。经义史疑,院长讲解,诸生不能尽喻者,斋长道谕之,不能问者,斋长达其词。司书籍之出入,借还有式,岁终检翻,不可失遗。分察灶夫膳饮之美恶,毋令饐餲失饪致疾。院中有兴作,监院会斋长察视。凡院事财用出入,斋长咸与闻。

院书(初由泾阳县礼房兼充,后改由院招充)司册籍文移会计之事。凡课题目、榜次书而张示,其副藏之,公牒文移书而呈于监院,收发书籍,书而呈于斋长。凡朔、望谒先师,则赞贴写司,钞写文字。院长条教、诸生文艺须传观者,钞而揭于壁。

院夫司洒扫、杂役、奔走之事。门夫昼稽出入必严,二鼓击梆,封门缴钥,晨领钥启门,及膳时均如之。厨夫主供诸生饮、食品,院长、监院预核定,揭于厨壁,日一更,月再周。诸生人日给钱五十,厨夫工食不领于院,其夥役视食者之众寡而增减之。

凡院事监院主之,教士子则主于院长。

论曰:日用饮食,粗迹也,而精义寓焉。王政之始,鸡犬桑麻,圣学之基,洒扫应对。规制仪文之不备,财用出入之无稽,师盖有不能安于讲席,弟子有不能雍容弦诵者。故粗迹者精义之轮舆也,书院废兴,殆非无与于是矣。

味经书院教法(上)

[清]刘光蕡

三代而后,教不统于上。尼山首出,宏畅儒风,擅师儒得民之势,君上不过问,教遂与政分而不可合。顾教不可与政分也。权不能定于一尊,势不能资以行远。源远流分,人自为书,家自为学。譬如大河,群流趋附,无堤防以束于左右,则成汹涌之势,溃败横决而不可收拾。故自春秋以降,诸子争鸣,异端蜂起,人人得以号召徒众,自树一帜。门户既分,党与斯盛。是非汩于草野,毁誉乱于朝廷,至匹夫可与君相争刑赏之权,而清流之祸亟矣,汉、唐、宋、明之党祸是也。又其甚者,外夷无君无父,奸人惑世诬民,借端聚众,而海内遍被其毒。如黄巾、白莲均假教之名,以恣为畔逆,岂非教之理自在人心,上失其柄,自下窃之,其祸遂不可胜言哉! 是以愿治之主,必急起而收之。

汉祖草创,日不暇给,孝武表章六经,道定一尊矣。经灰甫烬,郁而未伸,虽立博士议石渠,宿儒抱残守缺,多私相授受,教未尽出于上也。光武投戈讲艺,风厉名节。显宗崇儒重道,躬临辟雍,养老乞言,政教几于合矣。然事虚文,而无实意。冲质以后,国统屡绝,外戚宦寺,递为盛衰。是非不明于上,议论徒喧于下。君厨顾及之名立,而士习亦凌替矣。魏晋六朝,政既不立,谁复议教? 河汾授徒,遂开唐治。太宗英挺而内行不修,延揽士儒,集疏五经,而意重辞章。故有唐一代,驱士于帖括诗赋,其时,朝野上下之间,泛泛然沉溺于功名富贵,而胥无以自主。驯致五代之祸,否极而亨,宋太祖、太宗亲睹武夫悍将之弊,始以文臣典郡。仁宗天资粹美,英杰辈出。孙奭、胡瑗名动朝廷,遂诏天下州县皆立学。此后,濂洛关闽,名师硕儒,递相衍述。官家之培养,不知私家之传授也。迨至明祖起于布衣,迹类汉高而学问过之,加意庠序,府厅州县均有学。慎重教官之选,严立考课之法,罚峻而赏亦优,作成士气,故靖难之师士多忠节,震烁千古。其后主德不明,教士之权又复移于师儒,书院林立,庠序徒设,教与政分。清议虽足维持国是,而党祸之惨遂极,千古之所未有。然则,教出于上,时未久而遂不振者,师以例求,士以例应,虚文故事,相习成风,无精意以贯其中也。教出于下,利虽多而害即随者,师以道立,士以名归,树敌聚徒,异说相角,无权位以持其上也。

我朝举天下之书院尽隶之官,而延师以教士,士非额定之数,师非例设之官,师儒之教,而以官法行之,故精意贯注,而不闻处士横议之风。二百余年,书院得士为多,而无前代朋党之祸,则政教合之效也。然积久弊生,猎词华而略实行,重制艺而弃诗书,轻脱无行,而道学思救其后,空疏寡用,而西学遂乘其虚。仙屏许公忧之,所以有味经书院之设。礼聘耆宿,特申教法。史先生兆熊倡于前,柏先生景伟振乎后,要皆学政之精意运于其中。盖书院之教,无非学使之政也。予择其可采者于篇,使后有考焉。

史先生曰:书院宜清静严肃,各守规矩。此院何为而设?诸生何为而来？立志潜修，未为君子，先期不为小人，未做正事，先期不做坏事，则有严戒者四：

吸食鸦片。鸦烟为害甚深，诸生岂无受其病者，摈之恐终身甘于废弃，容之恐众人为之效尤。今谕别居斋舍，宽以月日，用药断截，圣贤克己之学即在是矣。尤当力劝同人，引为鉴戒，若自不戒，而又引诱同人被其陷害，查出褫革。

赌钱游娼。赌娼寡廉鲜耻，损德取祸，实为玷辱名教，查出禀请斥革。其因赌游滋酿事端者，送县究办。

戏场饭馆。坊肆流品杂沓，士人岂可侧足。然少年狂妄，每好嬉游，往往三五成群，往来街市，不恤人言，不畏物议，且自以为名士风流，实属荡检逾闲，败坏士习。诸生中有不经禀明，擅自出入观戏饮酒者，查出掌责。门夫不即禀明，送县杖笞。其别滋事故者，无理送县究办，有理亦掌责逐出。

骗诱赊贷。书院为培植人才之地，所以首严规矩，清其本源。除前数种外，尤当杜绝骗诱流弊。现已商议监院出示晓谕各铺店，凡与诸生交易，不准赊贷，其有贪图重利，任听欠至数千数十千文者，或其人在院而无力归还，或潜行归家而久成拖欠，查明属实，禀请斥革，其账项概置勿论。或富家子弟来院肄业者，不得以朋友交好，碍于情面，与人担承账项，膺人佐借钱文，久而无归，积成私债，不敢令父兄知，查明属实，将佐钱之人禀请斥革，其账项亦概置勿论。至诸生有实系贫寒而苦心用功者，同人中殷实之家可公同量力帮助膏火，自是友谊当然。或由公款筹画微资，亦格外培养寒士之道,总不许机谋智巧之流败坏书院规矩。

定约者三:

夜禁。初交二更,由斋长督门夫锁门,大门钥匙呈缴上房。次早黎明,门夫领钥开门。关门后,查出未在舍者,次早掌责二十,有别行不轨者别论。其有要故应出者,禀明请钥。有要故禀明出外,请留门者不得迟过一时。

早起。日已出而酣眠,乖阴阳之理,失清明之气。在一家必不祥,在一身必生病。勤苦者自必晏眠早起,仆以为,善用功者不必过为晏眠,反致不能早起。至三五欢聚,好为长夜之谈,尤属学人积弊,各宜互相规勉,勿使旷误工夫,反致耗损精神。

门户火烛。或上有传唤,或有事出外,随即关锁门户,检点火烛,毋致贻误有失。

禁约既明,乃严功课。

逐日写、看、读。工夫不必求多,总要实有心得。早饭后,作小楷一百字,作大楷二十字,字字用心。首讲间架,次讲笔力。写字后,看本日所温之四书一章,经书一篇,字字研究,必须大旨了然,逐字逐句了无疑义。或于众说之外,别开悟境。或因此章之理,参悟他章。或得其一句,或得其一字,著为小说,如作论然。正午,静坐片时,涵养心气。午饭后,读四书若干篇,经书若干篇,量力定数,各以十遍为度,细心潜玩,不可滑口过去。读后静坐片时,涵养心气。日尚未入,看史鉴若干页。晚间,读时文二篇、古文一篇,每篇十遍,生者过五夜一易。读赋一篇,生者亦如前法。读竟,静坐片时,即安寝养神。若日间他事搅杂,功课未了,夜间定行补足。总以序不可紊,功不可缺,实求心得,快足于己而毋自欺。次早,温前日所读之经文、诗赋各一二遍,或专读某项,或别看他书,亦必有一定限制,不可杂乱无章。

每月官、堂课。 每月初八日官课,十八、二十八日堂课,点名扃门,当日交卷。此外,初三、十三日加文课二次,五更出题,午正交卷,逾限不阅。

每人课程册。 外写某人,内开:自某月某日起,温四书某本,经书某部,每本读若干篇。别一行注:某一日读四书,自某处至某处,共几篇;经书某本,自某处至某处,共几篇。看四书某章,看经书某篇,拟某篇某节某句小说一条,以便抽查。五日汇齐,择尤佳者张贴讲堂,俾诸生共广见闻。

二、七日会讲。 中设正位,遥尊诸大宪培养士类,俾士子常知敬感,不忘本源。旁设山长、监院各坐,诸生左右侍立听讲。仆忝主讲席,自愧学力浅薄,然诸生果知踏实用功,即奉一心为严师,仆亦未必无一长之助。若执经问字,有意刁难,以窥探仆之浅深,甚至面加抵牾,暗出匿名揭帖,仆当登时辞退,决不自取羞辱,并致贻笑学宪。

注意小学。 四书五经已逐日讲读,此外逢会讲日,切为细讲小学,以端大学之本。诸生句句向身心上体认,勿谓仆为避难而就易。

会谈。 半月内,或一次,或二、三次,不拘日数。中间两边设山长、监院坐,东西间设长凳分坐诸生,或发明数日欲言之理,或间论古今言之所在,不拘不束,尤为得益。

容外人会讲。会讲日,院外农工商贾有愿听讲小学者,尤为可嘉,宜引入门。但宜静立阶下,不可高声闹嚷。

朔、望谒先师。山长、监院率诸生诣至圣前,行献香礼。有赞,三跪九叩;无赞,一跪四叩。礼毕,山长、监院行对揖礼,诸生北面与山长、监院行三搭恭礼。礼毕,诸生东西分列,行对揖礼。礼毕,山长、监院退,诸生乃退。

以上诸条,认真遵行,上焉者可日进于高明,中焉者可归于笃实,下焉者日亦纳于范围。譬之物焉,蓄于内不为金玉宝珠之不易有,用于外要皆为布帛菽粟之不可无。仆之教人如此而已。

先生于是以身倡率之,以言鼓舞之,逐日巡行斋舍,指示发明,择期聚会讲堂,提撕警觉。行之期年,诸生则志定而气奋,院规大定矣。先生乃以老病辞师席,仙屏许公留之甚力,先生不得已乃复留,取前所定者变通之。以书院规矩整肃,必自禁约始,则曰严门禁。

门禁之益大矣,范人之身即范人之心,外邪不作即内念斯专。去岁行之,合院清静严肃,甚为得法,但恐久而视为具文,擅自出入,一人开端,众人效尤,诸弊由此生矣。今岁仍宜首严门禁。

曰杜非为。吸鸦烟者不别为安置,则被诱者众矣。院内暗中聚赌,则受害者众矣。外不防其游娼饮酒,招摇撞骗,则酿祸损德,辱身败行,书院之名坏矣。故一切仍宜严禁。

以诸生学问增益,必自经史入,则曰读经史。

今年不逢乡试,正宜潜心经史,讲求实学。除课期外,照前定读书法,各备课程册,每日登记。

曰看经史。除课期外，每日早饭后看四书某章，看经书某篇，史书某条，不必贪多，务求实有心得。

曰诵经史。除课期外，每日掣签背诵所读经史各书。每晨签传十五人登堂分坐，听候背诵，余俱照常各在房内读书，愿登堂听讲者听便。其签传之十五人，仍行掣签次第背诵，或五六人，或六七人，随时考问，随便指示，在座者均可听闻。师不过劳，而于诸生实有裨益。

曰讲经史。除课期外，每日午初按写字后签传十五人，各执前日所看四书经史，登堂分坐，听候掣签次第背讲，或四五人，或六七人，或抽讲四书，或抽讲经史，或指驳背谬，或发明义蕴，在座者均可听闻。亦师不过劳，而于诸生实有裨益。

学不可昧本源而无心得也，则曰讲小学。

小学为大学根本，五日一讲。今岁专意经史，亦于十日内传齐诸生，仍为细讲数条，各宜敬听，务求身心，实有体认。

曰戒自欺。每日读书、看书，按定课程，务求心得，勿为应卯之举，欺师实以自欺。

学贵沉潜，不可纷于名利也，则曰杜奔竞。诸生往来各处应课，原属正业，实则有荒工夫，且萌趋利之心。以后外县诸生，每月宏道书院官课准应一次，堂课俱不准应。本县诸生每月泾干书院准应初一、十五官课两次，堂课亦不准应。总期潜心经史，实求心得，则终身受用，获益无穷。诸生务其远者大者，勿沾沾为目前计也。

曰定膏火。住院诸生既严杜其弊端，又切责其功课，循规蹈矩，朝弦夕诵,苦矣,善矣,而膏火不分内外,按等分给,似均而实不均。今将院外应课者只给奖赏,不给膏火,其膏火挨次递给住院之士,非私也。

又审书院之利弊,在师弟子睽隔不相接,而阅课卷犹其末也,则曰减小课。

去岁因有乡试,每月加小课两次,文诗各一。今岁加意经史,应减去小课二次,计每月院内官、堂课亦作文艺三篇,应外课者,更有加焉,不致荒废文字,而专经之学可多数日,师亦免因衡文无暇稽查经史功课。

曰分劳苦。仆以学力薄浅,精神衰惫,此席实不敢居,坚辞未允,到馆以来,立意振作,近已渐有端倪,精神虽未困倦,亦恐久而难继。善夫监院怡公之言曰,每日功课只令诸生逐层做去,严行考查,不必过为讲说,徒劳先生,反恐诸生厌听。王弼廷先生不日来院,依前章程,每月课讲分劳,愿先生节留精神,以期长年如此,何患诸生无造益也。仆嘉其言,深知此中甘苦,不独为仆一身计也。且勤于始而怠于终,学者然,教者亦然,长勿助而心勿忘,学如是,教亦如是,仆当节留精神,以期久而能行,诚为至要。

时同治十有三年也。先生日坐讲堂,口讲手示,不自知疲,弟子之率愈谨,先生之教愈肃。如是者三年,而旧疾时作,遂力以老辞还山,乃取所定章程参酌之,则曰门禁不可废,士之骄抗必以是始也。

每年送馆后,院长宜先严此禁。往往一二狂生,不守规矩,及历年住院者,久而先玩,故作骄抗,此则有犯必惩,切勿姑息养奸,以致大众效尤,势难挽回。

曰烟禁不可废,士之痼弊以此为极也。

此弊势难清除,然不禁之,则未吸者纷纷效尤,伊于胡底,势必明设烟具,白昼开灯,两两对吸,三五聚谈,而书院规矩从此坏矣。

曰诵书、讲书、作小说、讲小学不可废,废则士皆趋虚文无实学矣。 山长日坐讲堂,签传一人背书,则读书者遍百人矣。小说之宜作也。讲经、读史,使之实有心得,发为文章,鞭辟入里也。学力浅者,本底未清者,令作小说,不拘不束,畅所欲言,则层次可清,才思可展,词调可练,尤为有益。小学之宜讲也。圣学门径,实在于此,学人立身,全在于此。予严立规矩,而勤讲小学,先为杜其邪径,次即引以正途,不必人人圣贤,第使人人为圣贤一路之人,此即圣贤之正教也。五日讲小学一次,在认真讲学品者,自必虚心听受,即格格不入者,常使耳闻此讲,目睹此讲,今日厌之,他日必有追悔而忆之者,亦何尝非大转机。且诸生如果俱遵小学,传家授徒,则一源万派,我关中正学接武,此后必蒸蒸日上矣。如不背书,不讲书,不作小说,不讲小学,则诸生必不读书,不看书,不务实学,勤学者日手时文一编,咕哗唧唔曾何补于有用之学?曾何补于有用之人?懒惰者更心无纪律,静坐不能,求出不得,则意外事故从此生矣。故此数条无一可废。

曰斋房宜勤察,勤则师生隔阂之弊除矣。 院长念念在诸生身上,必能做出教泽事宜。若养尊处优,高自位置,则虽学问大如渊海,与诸生乎何与?官与民且不可以隔气,况师生乎?每日院长不拘时，不限数，随意散步两廊，抽查三四号，则各号俱肃然矣。静坐讲堂一二时，则满院清风徐徐，万籁俱寂，虽灶下厮养不闻声矣。即此一日之间，有一二时，已足以振精神而作志气，况诸生之各自奋勉乎！且师生日近日亲，背书见面，讲书见面，查房见面，告假、销假见面，五日会讲每课发文传齐，诸生一同见面，三次、五次则熟识其人矣，十次、八次则可知其性情所为，而因材施教，庶有当矣。若累月终年不相见面，则主讲之名与讲堂之设果何为乎！先之劳之，请益无倦，为政然，讲学亦然。

曰课卷宜早发，则诸生之精神易振。积压课卷，则诸生聚精会神成一课艺，有因积久不获评论而心灰气馁，壮志消磨者。每课连日提振精神，先看出三分之二，传齐诸生讲明题旨，与诸生指说大概，令其传观，并择一二篇录贴讲堂，以示取法，而诸生早不以课牵心矣。

曰灶规宜严立，则诸生之饮食易调。灶供诸生饭食，所关非细。灶夫宜勤谨服劳，勿有错误，诸生宜加意体恤，勿致亏累。役人之力，食人之食，分文不给而反如分所应尔，今年如是，明岁复然，此岂有廉耻有仁心之所为耶！主敬行恕之谓何？尽如此辈，则灶夫不堪苦累，而灶不能立矣。灶不能立则百余人饮食不便，而势难久停矣。坏事者一二人，而受害者百数十人，此辈不尽寒士，多由情性贪鄙，寡廉鲜耻之徒，早行驱逐，非刻也。

曰官课不互应，则诸生之作伪难行。宏道、味经互应官课，旧本应课生前期亲往，课日点名扃试。后因往来奔走旷日误功，并有连日在外混闹滋事者,改为领题送卷。前之往应,有旷功夫;后之领题,更开弊窦。一人而报数名,领数卷,遇有旧文则录之,无旧文则卷归乌有。所以每课领卷者百余本,而交卷者无十之五六,往往有本底未清而列前,工夫老成而列后者。盖官第就文论文,而不知其伪也。若裁去互应,则无此弊。盖点名时非本人不给卷,卷无冒领,名有定数。点名后扃门终日,限时交卷。其在院之生,有录旧前列而未查出旧文者,但据平日本底未清,断定有假,即呈明山长,扣除膏火,其余之查出录旧者,均扣除膏火,以为帮助寒士之资。若互应官课,不但味经之应宏道者多开名数,纷纷舞弊,即宏道本院之生,亦因味经舞弊而未便各守规矩,不但无益于功课,而机谋巧诈,不成事体,不成心术,不成风气,书院之败,终必由此。若各归各院,彼此无损,彼此有益,各以本院之膏火养本院之肄业生,安静读书,认真作课,无机心,无机事,无妄念,无妄动。不但可以祛官课之弊,而并可以除人心之害。

曰分劳不可少,则师生之情意易通。 阅卷、背书、讲书,看小说、讲小学,查房、查门,一人为之,虽年力壮盛,亦势难周到。一有分劳者,院长虽不获安闲,而亦不致过劳。须知院长全在提振诸生精神,整齐书院规矩,日日心在诸生身上操用一番,日日身在各号门上行走一番,在讲堂上静坐一番,则一日之间,院内之气常清,而师生之气常相贯矣。

皆先生数年阅历所得,行之至今,而确不可易者也。于诸生登第者勉励之。其词曰:

四十年转瞬过矣,上不能亲君,下不能亲民,所幸者得亲士耳。亲士可以辅吾学,亦可藉以遂吾亲君亲民之心,何则？今日之士,他日之上而亲君,下而亲民者也。诸生他日而亲君也,予将以亲君之心,付之诸生亲君之身焉。诸生他日而亲民也,予将以亲民之心,付之诸生亲民之身焉。他日之作用,视乎各人之才识学力,而作用之基自今日立志始。立志莫先于饬廉隅,饬廉隅莫先于少私累,少私累莫先于守俭约。勿因一旦得意遽尔改换面目,举动言语,服食器用,迥然异前。前月之秀才,今月之举人,两月间已划然作两截人。他日居官时,又当何如？若是者,非大器也,亦非福器也。夫士之求名,欲藉以有为耳。藉以有为,固为社稷苍生造福之人,非享福之人也。今日慎之又慎,至得官时私债已不能免,况官尚未得,而假官以为名者,溺已深矣。虽誓矢清操,乌有累于身者,尚能清于心耶？且功名富贵之念,万不可横亘于胸,而急急功名富贵之人,亦未见有济于事。窃尝思居官之人,有三元气当培：为朝廷培元气,一也；为百姓培元气,二也；为子孙培元气,三也。子孙之元气无他培法,培朝廷元气,培百姓元气,即所以培子孙元气也。总之作用之基,自今日立志始,自今日饬廉隅始,自今日少私累始,自今日守俭约始。诸生其服吾训耶,他日乃可以亲君,乃可以亲民,而吾亲士之心于焉尽矣,即吾亲君亲民之心亦于焉遂矣,吾又何乐乎不亲士耶？勉勉。

下第者,慰抚之。其词曰：

诸生勿以下第为忧也。夫得第良可喜,喜得藉以有为,非喜得功名富贵也；失第良可忧,或忧亲老无以慰,或忧年盛不及时有为,非忧其失功名富贵也。若夫计得失于功名富贵之间,自喜其得,正吾之所代为忧;自忧其失,正吾之所代为喜。忧彼喜之之心得焉,适贻害于当世;喜彼忧之之心失焉,反保全乎室家。诸生勿谓予言过激也。吾人为学,当先辨明义、利两字。义即利也,计利则害随之矣。吾今日第求其可以得功名者,非戋戋文辞之末也,根柢乎六经,鉴别乎往史,而参酌乎时宜,务期人为有用之人,学为有用之学,如是焉已耳。如是则用固有用,不用亦有用。苟有心于世道人心,虽乡里匹夫,亦可作顶天立地事业,何况学校中人乎?彼沾沾于得失者,纵系有用,亦必不善其用,而仍归于无用。何者?其用心固已歧也。吾自分可做教官,且并教职而有愧,若更图保举,盼甲科,覆悚之患不旋踵至矣。贪虚名而受实祸,慕荣显而被忧辱,世之人往往然矣。所以然者,未得功名则功名之念急,既得功名则仕宦之心热,不但随波逐流,日入下品,亦且溺身宦海,欲拔不能。已历者悔之无及,未历者羡之若仙,此皆义利之界不明,得失之心未淡,致使然耳。如果安贫乐志,则艰难中之骨力必坚,盘错中之识见必定,功名仕宦中之得失必淡,出则有益于国计民生,处则有裨于纲常名教,而均之进退自如,有益于身家性命。夫而后可以喜登第,可以忧下第矣。夫而后得第必不喜,下第必不忧矣。诸生皆伟器,予不敢不以远大期之。如依常人之见,为得者喜,失者忧,是浅视诸生也,予之心不敢出此。

留别诸生,作要言三:一曰为体用兼备之学(要先多读书),二曰作敬义夹持之人(要先坚立志),三曰立夙夜无忝之身(要先切戒

烟)。语皆切中时弊,而先生遂归汉上。越五年,而得柏子俊先生。

味经书院教法(下)

[清]刘光蕡

史先生之归也,荐长安柏先生自代。时牵赈务不能至,癸未乃至。先生性严毅,刚正自持,好人之善不啻性命,疾人之恶亦若仇雠,人多畏而爱之。自史先生去后,院长第评课艺,士自为学,法不徒行而废弛不可问矣。先生乃严立章程,勤督课业,曰严者非妄自尊大,不如是不足以震诸生之心志也。劝者非迫苦学人,不如是不足以励诸生之修为也。于是一复史先生之旧,而严整迅励过之,不啻李临淮入郭汾阳军矣。于旧规中择其最易犯者,郑重申明之,则首谨朔、望礼仪。

则首谨朔、望礼仪。孔子为万世师宗,吾人所学何事,而顾忘祗敬之诚乎?后世蔑视礼教,懵然不知伦纪情谊之不可渝,故骄亢之志气不难施于尊长,则甚矣,拜谒先师之仪不可不谨也。今定一遵旧规,如有衣冠简亵者,拜跪粗率者,以不敬论,当面申饬。

次严擅行出入。出告反面,礼教甚严。学者果克守此,则身有所闲,即心有所惕,一切纵肆狭邪之习,无自而开矣。

三禁吸食鸦片。洋夷以鸦片毒我中华,最堪痛恨,而士人之误染其毒者,遂使志节隳败,学业荒废,甚至颠连困苦以终其身,亦足悲矣。然此禁不严,效尤必众,始而误己,继且误人,其流毒更有不可胜言者。今定一遵旧规,凡有瘾者用药断截,果能挽盖自新,即为名教完人，当倡议奖励，以为能知改过者劝。倘逾三月吸烟如故，立即屏出院外。

四禁引诱赌博。赌博乃无赖子所为，其始不过一二人戏作之，其后即有多人乐从之，甚且引诱后生，晓散夜聚，行险徼幸，百弊由此而生，又奚问学业之荒废也。今定一遵旧规，如有聚赌，立即当堂重责，屏出院外。

五禁竞争滋事。君子与君子无争，相让故也；君子与小人无争，能容故也。两相争者，其为人概可知矣。夫伦纪恃朋友以善全，功业赖朋友以夹辅。古人离群索居，每深感叹。幸此一堂讲学，朝夕欢聚，而可因悻悻微隙，反操同室之戈乎？今定一遵旧规，务各以善相摩，以敬相接。即有不合情理之事，准其向监院、斋长处面陈一切，或请代为呈明，当即酌情准理，平厥曲直。如有任性喧嚷，恃气忿争，无论有理无理，均先责以不守学规，然后徐问其是非。又或暗出匿名揭帖，横肆诬谤，尤属阴险小人，显干例禁，一经查出，或被人告发，立请学宪褫革。

六禁群饮纵谈。书院之地，最宜静肃。酒足乱性，纯心用功人，本所当戒。况呼朋纵饮，更属毫无忌惮乎？为学以敬慎而入，高声谈笑心先放矣，学何由固耶？又或因醉酒而滋闹，或因剧谈而启事，若非杜渐防微，势必纷纷效尤，成何体统？今定一遵旧规，偶有小酌，原所不禁，若群饮肆哗，即为不守规矩，先饬跪堂重责，不悛者屏出院外。

七禁闲游街市。吾辈一举一动,悉关风化,在我既溃厥闲检,在人即滋为口实,稍知自爱,岂宜出此。诸生中如有不恤人言,不畏物议,胆敢闲游街市,当堂重责。

八禁占锁空房。院内号舍无多,一人住一房既不能容,故多有两人同住一房者,未免逼仄,然尚有房可住,则亦可勿论矣。若乃负笈远来,置足无地,使不为之代筹住址,殊非体恤多士之谊。闻向来应课诸生,有虚锁一房,兼锁一房,间锁一房之弊。在己颇觉甚便,在人殊为不情,揆厥恕道,能无歉然?今定先将现在住院诸生姓名、年貌、籍贯造册呈核,会同监院、斋长沿号挨查,倘有如前占锁者,立将房门开讫,别令无房者居之,其内存物件、缮单寄存公所,俟该生来院照给。

使诸生知有规矩准绳可循,则身心有所范,而后可言学。

又国朝以制艺取士,不能不恪遵功令。然果能于性命之微,伦常之大,中外盛衰之迹,古今治乱之原,探讨体会,实有心得,即未能行义达道,而出绪余发为文章,不难高树一帜,何至烟没潦倒于八比八韵之中,而弗能自拔耶?近冯中丞《志学斋章程》,虽专为时文,亦必讲求根柢,所刊册式,洵足法也,今略举数条。

读四书。四书,群经之心法也。而《大》《中》章句,《论》《孟》集注,朱子生平精力悉萃于此,剖析疑似,辨别毫厘,学者尤当于大义微言,求其根本。今定日日熟读精思,沉潜涵咏。又宜兼读《近思录》《北溪字义》《性理精义》及各家语录,参互研究,则必于身心性命之理豁然有得矣。

读经书。十三经与四书相发明,近日学者,类于经义鲜所发明,甚或读得一经半经,即汲汲从事帖括,日以剽袭词调为工,无怪其空疏浅薄而无当也。今定于五经先择一经专力治之,俟此经大义既明,然后递及他经。如是则于四书道理益能贯通融析,即所作四书文亦必能容经义而自铸伟词,而经艺更无论矣。

读通鉴。宋司马公辑《资治通鉴》,阅十九年而后成,淹通贯串,为史家绝笔。朱子《通鉴纲目》,笔削义例,一效《春秋》,皆不可不读者也。读法,汉以上宜参看《史记》,前、后《汉书》,汉以下宜参看历代正史。则凡古今治乱得失,靡不了然周悉,洵足拓识见而广议论。试观汉、唐以来,多少诗人文士为艺苑所尊奉,迨稽之史册,或寂寞而无称,或卑靡而多玷,而惟修道真儒,立功贤辅,始足震耀千秋,亦可恍然于学先尚志果在此不在彼也。

读古文。古人以渊粹之学,宏远之才,超旷之识,清毅之气,著为文章,各成一家言,故至今与日月并光也。三传、《国策》《国语》《史》《汉》《庄》《骚》以逮唐宋八家,何一不当读乎?学举业者初馈于此,其为文必进于古而不俗矣。然初学力或不逮,则宜先读八家文,识其途径轨辙之所在,然后渐而达焉,以溯其源而探其本。程畏斋先生曰:学天下第一等学,作天下第一等文,在我而已矣。读法当先看主意以识一篇纲领,次看其叙次抑扬往复,运意运笔,转换承接。于大段中看篇法,于小段中看章法,于章法中看句法,于句法中看字法,则作者之心皆与我会。今日读文,能如此读,他日作文,自能如此作矣。

读时文。既作时文，不可不读时文。然一切坊间卑靡之编，与关中腐滥之作，则断不可读。即前明简古奇峭之文，不善学之则易失于枯槁晦涩，亦不可读。国朝名大家文，以韩、欧之笔，阐程、朱之理，粹然道德之华，蔚然经籍之色，博大雅杰，允称极则，当精选百余篇读之。明文则取其说理精而思力深透，用法备而机局浑成，足以疏瀹我性灵，增长我笔力者，精选二三十篇读之。简练以为揣摩，当必有所心得，然后取墨卷之清真雅正，敬湛雄奇者，精选四五十篇读之，以求合于其式焉。前辈所云"从墨卷出，不从墨卷入"者如是而已。再读时文，尤必先攻小题，而细探其运意之妙，用法之精，脉理之析融，神气之宛合，则虽千变万化，无窘我之题，而一切陈言泛语，无有扰其笔端矣。

先生曰：宋熙宁间，以经义取士，至明著为功令，我朝沿而未改，迄今盖七百余年矣。名儒名臣多出其中，代有伟人，指不胜屈，彼何以不沦胥于科目，我何以竟汩没于辞章，诸生必有憬然悟，崛然兴者。先生负经济才，规模宏敞，其教诸生也，循循于下学，矢之以诚心，达之以果力。率教者奖进之，败类者严惩之，不期年，而士习丕变。远方奇特之士，先生又罗致之。

三原胡观察砺廉悲海疆多故，欲以实学造士，闻先生教，自出千金以助膏火。先生乃为启曰：人才之盛衰，关乎学术。正学，修己，治人，敦行不懈，而驰骛名利者废之；实学，通今，博古，讨论必精，而剽窃辞章者隳之。风气所趋，江河日下，此岂尽学者之失乎？目不睹有用之书，耳不闻有道之训，何怪沉溺而不返也。而吾陕适承其敝,仆等久昧旨归,时过后学,自惜之余,未尝不兼为诸同人惜焉。窃谓学有本原,须辨于始,而大其规模。吾陕兵燹后,书多散佚,宜特创一书局,凡有关正学、实学各籍,择要刊刻,以资学者之观览,则既有以拓其才识矣,又集二三友人讲明而提倡之,落落然,一空标榜拘墟之习,而务以圣贤道德,豪杰功名,相与纠绳,相与淬厉,为关辅力挽衰颓,积日累月,渐渍优游,河岳有灵,未必不可稍回风气。然书局之举,非大有力者不能,而讲明提倡,则凡有志者与有责焉。仆等不揣鄙陋,议加月课,名为求友,盖取析疑赏奇,乐多贤友之意。其课以经学、史学、道学、政学为主,而天文、地舆、算法、掌故各学附之。至文章诗赋,则书院旧课所有,兹不复及。区区之私,非敢谓能友天下士也。所愿诸同人,不遐弃而惠教焉,则仆等亦甚乐,共殚尚友之志,永敦会友之风,以期尽正学、实学之义,吾陕幸甚,吾党幸甚!

于是,经史、道德、经济、天文、地理、掌故、算法之学,略有端倪,向学之士,争趋味经。先生乐为讲解,昕夕忘疲,远近无不乐得先生者,而先生遂移讲关中矣。

论曰:教无所异也。人殊而教异,时殊而教异,风气习尚殊而教异。故循良之政令,因地制宜,君相之设施,与时为适。二先生宽严异用,威惠殊施,要亦优游以养其心,鼓舞以作其气,使各励所学以成其材而已。是以游味经者,至今称道二先生不置也。

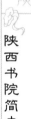

《味经书院刊书处办法章程》十一条

[清]刘光蕡

在得人。现仿照前学院许设立书院章程,绅为经理,官为督察,费不虚糜,庶可持久。已敦请味经院长刘光蕡总理一切。凡董事、账房、校勘、诸生及经费出入皆归院长主持。将来即不莅院,亦请总其大纲续订,院长毋须兼及。

专责成。已请院长酌举董事三十人,排定名次,分为二十班,每班正副二人,正董一年更换,即以副董改充正董,蝉联而下,既资熟手,亦不至盘踞滋弊。若更换届期,其人不能亲到,即请后班之人办理。如不胜任,公同禀去,毋得瞻徇。每三年后再举三人,以便接替。应备公文由董事立稿,禀知院长,会同监院,即用书院戳记。账房人收发书籍兼发刻工底本、样本,银两出入及琐屑细事,亲为督理,毋许推卸。

严校勘。书版美恶,全视初校底本。若刷印样本后再行挖补,即多脱落。校勘之人,由院长择内课诸生留心古籍、通晓六经者任之。每刻一书,董事即送初校,次送复校,再呈院长鉴核,不得臆改字画,如差谬过多,即行更换。刻出样本仍交原校勘定。卷末刻院长、董事衔名,列于总校,又开某县举人、贡生或生员某名初校,某人复核,以资考核。

限镌刻。每年拟刻之书,预计需银若干,切勿贪多,致所入不敷,累及借贷。经以《十三经注疏》,用院刻附校勘本,凡原有圈者须补入。史以《二十四史》，谨遵殿本为断，成书后再刻《通鉴》《九通》《二十子》，仿浙江局本。《昭明文选》诸书未竣，不准议刻他书。至时文试帖及鄙俚淫邪犯禁诸书，永不准刻。学政、院长如发刻书籍或选刻课艺，皆自捐刻，以免支绌。

立条规。上至董事，下至工人，不得吸食洋烟，不得游荡赌博，非令节不得群饮，有私用不得支销印成书籍，无论何人，不得赊欠公项银钱，不得挪借，违者禀请究追。账簿五日结算，董事亲阅盖戳。无论大小公私事件，必禀明院长、董事，不得任意擅行。

建房屋。现在味经书院门东向，西修鞍架房三间，门西向，东修厢厦三间，均修厨房二间，为账房、刻丁人等住所。其版暂藏至圣楼。岁提钱五十串为添造房屋之资，不准多用。

便售卖。凡刻成一书，先印五十二部。一呈院长，一存书院，余即发售，不准滥送。董事先开明书若干卷，用某色纸若干张，刷工订线各费共需价若干。除板价不计外，以二分加息，禀院长定价，刊入书目，悬牌院门，不准加价，有亏欠者账房赔出。如陕西、甘肃官府并各书院备文刷印，不取版资，书坊刷印者每十部取一部。

慎报销。一切事务不钤束以官法，则势涣而不聚，尽用官法，又恐分隔而弊生。每年款项及新旧交代由院长定期，所有举定董事均须先期知会邀请亲到，或有繆轕，须彻底清查，开列清单，张贴院门，并请明学政。毋得使费。凡书籍版片、器用银钱，须件件实缴实收，出具并无经手未完甘结，方准接手。

议薪水。院长岁加伙食银一百二十两。监院兼管刻书，仍用两员,一管书院事件,由学政札委;一专管刊书事务,即以正董事一员兼充,由院长酌定。每岁各支薪水银一百两,均在书院开支。副董事一员及校勘之人,均以内课诸生派充,不另给薪水。账房一人,岁支薪水银二十四两,杂务一人,岁支薪水银十二两。账房、杂务岁各支伙食银十两,共二十两。纸张笔墨一切杂用,岁准开销银十两,以外不准丝毫妄费。

定内课。现准抚部院鹿每岁筹捐库平银六百两,专发味经内课诸生膏火,以二十名为额。每名岁给膏火银三十两,由院长酌定。内课二十名,正课二十名,造册存院。内课缺额即以正课补入,按名次先后为序,不得搀越,再由院长补取正课添注于册。其副董事及校勘诸人均由院长派充,此项银两由监院备文,按四季赴藩库请领。年底开造内课清册,专报藩司核销。如刘院长将来不肯莅院,则内课诸生及此项银两仍归刘院长主持,以此项与刻书固相辅而行也。

筹经费。现存捐款尽数交院长、董事发商生息,岁取息银。刊书不准动用存款。又咨准抚部院鹿岁发刊书库平银五百两,按季由监院赴藩库请领。又咸宁节妇赵刘氏捐议平银一百两,已刻《烈女传》及瓮水池不计外,又捐省城房屋一所,岁租银八十两,均归刻书之用。又临潼绅士傅万积所捐板片收存刷印,又当产银五百两,岁收租银五十两,已批准收入,专刻十三经读本。除将捐银数目刊刻《征信录》外,应榜之院门,以彰义举。

味经刊书处校勘章程

[清]刘光蕡

识本意。刊书系柯学宪创举,学宪初挑内课,亲阅课卷课程册,既而责以日记四条,既而改为校书,则校书虽由刊书起见,实为士子之学问起见也。知校书为自家造学问,为吾乡振儒风,敢不时时自励,而争名好利,因循粗略,以自负负学宪哉?故先知校书本意,然后可言校法。

严校勘。知校书本意,则校勘"札记"即各生之课程日记也,故宁详毋略,宁严毋宽,宁泛博毋固陋。校书之体宜然,即看书之法亦是。如是,不但经书本文须详加考核,即注疏所引各书,亦须详晰对勘,一字一画必求其的确。始则本书自相考证,又与他书对勘,必使一毫无憾,则刊出必为善本,其人亦即为善读书也。学问功夫不进益,吾不信也。

储书籍。校勘之善,非汇集群书勤为检证不可。今拟校勘之人,分居"时敏斋"、"日新斋"及讲堂后。每校一书,其应翻检之书分储三处,书院不足,借于他处,万不能借,则三处轮流,每处准六七日,则人人能见。又借胡氏《图书集成》一部,共三百六十套,卷帙太多,一处庋藏,检阅不便,拟分私室。每处各派一人管理,污损失遗,惟该管理是问。其有私书及自行向外借得者,不欲人看,毋须强借。

程功课。刻工四十人,每人每日约刻二百字,则日刻八千字,月刻二十四万字。初校、复校每月必须四十八万字,除应课外,每月约二十日,以二十人计算,每日须校千余字。今岁校书,其去岁学校者仅十余人,而尚有晋京或出馆不住院者四、五人,新来之人不便即使校书,不得不尽责之十余人,则每人除复校外,日须校千二百字,方足敷用。今以千二百字为程,俟陆续添足二十人之数时,候宽舒每日亦须以千字为程。违者传堂责惩,甚则扣去薪水,疾病则病愈速补,有事则事前预赶,否则扣除。

别等第。圣门文学即分二事:工辞章为文,长考据为学。理本相通而迹则迥殊,故工辞章不必即长考据。每月课榜仅取辞章,则校书不得不另列等第,庶优者愈奋,而劣者亦愧而自勉。拟初校、复校各订一册,随校随交,我必亲为评阅,标出等第,由正副董事张示刊书处门外,其赏罚均依榜之次第,则赏罚有迹可见,忮刻之心当无所用矣。又今岁改向例经课之银,为课程册之奖银,如愿学校,自行校勘经史,虽不在正校、复校之列,亦同列一榜,不惟优者一同奖励,正校即从此榜提入。

严初校。《书》曰"校雠"。盖视校如雠,必不为余留之地。若曰:我已校出若干条,可以自免,岂校雠之义乎?故初校必须尽善尽美,如词讼然,最重州、县之初审,初审既定,以上于督抚、司道,不过曰"复查",无异而已。若初审不慎,以待上司之驳正,则民之受冤者多矣;初校不详,以待复校、总校之拾补,则书之错讹者多矣。故初校宜极严也。

明赏罚。凡事不可无赏罚,校书岂能免此?然有后世之笑骂,当时之榜示,优者可以劝矣,劣者可以惧矣。然保无好利之徒,耽耽于薪水而不顾名者,则赏罚又不可不明。既重初校,赏罚即以初校为准。凡初校一卷书,首月须得十之八,次月须得十之九,次月即宜尽美。若首月不足每卷十之七,罚银五钱;不足十之六,罚银一两;不足十之五者,扣除校书。复校一无校出者同罚,校出一半者半罚,全行校出者,即以所罚之银奖之。语句错误,字体讹谬,同为一条,不分轻重。学校之人,每卷能校十之五,酌奖银五钱;十之六,奖银一两;十之七,提入正校。学校不议罚,考定某字作某,即别书一纸,移知董事发刊。

重道义。道义者,不言利,顾大局之谓也。此次校书,每人月给银三两,尚不能保其无罚,可谓微矣。然耽耽于此者已复不少,殊不知此事非为恤贫起见,刊书处若能长久,其有益于吾陕者甚巨。我辈同为陕人,同为始事之人,日日用心不能自励学问,而徒计及薪水,甚且造为蜚语,谓董事不公,谓余有私于某。余应允此事之时,即已计及,彼虽百喙,余惟清夜自问,苟此心无他,听之而已。若或谤及正副董事,一经查出,必从重议处。夫人非圣人,孰能无过?不顾大局,而于一言一动之间刻以绳之,则颜、曾、思、孟、周、程、张、朱而外,孰为完人哉?同事之人,外相狎而内相忌,则是非蜂生,适授外人以口实,天下事坏于此者甚多,余故愿同人戒之也。

广储才。凡去岁未校书,今年始校者,均为学校。然余提为学校者,皆向曾从余游,余所索知者也。今岁新来之人甚多,其学问优长者,余无从知。故无论提入学校与否,愿学校者,即以所校之书为日记,可以校书,余必提入。其有不住院不领薪水能校书无差讹者,即刻名。初校、复校人人乐于用功,人人知刊书处为有益于吾陕,同心维持,众志成城,刊书能延数十年,则吾陕之人才学问必有可观,是则余之厚望也夫!

以上九条,鄙见如是,祈众友代我详思,或有不周不到之处,可以补入,即行批于上列,我决不敢自为是,而不乐从人也。

求实得。凡校书须逐字逐句校过,然理义、训诂、考据、辞章,以及天文、舆地、兵刑、礼乐、农田、水利之类,心有专好,必学有独得。况每校书,其可为图表者必先为图表,已开专精一门之端。故此次校书,于照常校勘外,必须自择性之所近,专精一门。凡校一书,随手自录一册,则一书校毕,即自成一业,岂非快事?若漫不抄录,随得随失,是入宝山空手回也,岂不可惜?

贵用心。用心有二,一实心不自弃之谓,一虚心不自是之谓。"不自弃"则凡经史均能一心锐入,虽古人之疵亦能看出。"不自是"则必勤于翻阅,凡古人所学必渐窥其浅深次第,而吾之学问日与之俱进矣,故中实为信,中虚亦为信,凡事均须如此,不独校书然也。

以上二条,又因诸生用功再为叮咛。盖刻书于木,图为久远计;刻书于诸生之心,其为久远,计者更巨。诸生其勉之哉!

味经书院诸生课程册条目

[清]刘光蕡

子夏曰:"日知其所亡,月无忘其所能。"即课程册之意也。今每人各发一纸,皆散缴,故须书姓名也。其课程式解如左:

诵读(填注所读起止)。四民各有本业,经史即吾儒之本业也。真实学问虽不尽关记诵,然有熟记诵而不得为儒者矣,未有胸无《诗》《书》,目无古今,而可称为儒者也。况食焉而怠其事,必有天殃。士居四民之首,较之农、工、商、贾,其名独荣,而乃曰无所事,其不俯仰怀惭乎?故孜孜日夜,身较四民为逸,心较四民宜劳,必使所读经书尽能上口,则随时随境必多感触醒悟,识见日增,气质渐变。诵读精勤,庶异于安坐而食者,不惟进业,并可消殃。(每日读三百字,"六经""四书"不过三年半可毕。诸生有未读"五经"者,有志补读亦非难事。)

次,温习(填注所读起止)。古人云:"旧书不厌百回读。"此过来人语也。圣人之经,如日月之气象,终古无毒,又因人之识见随境随时而异。故前日所读之书,至今日读之而趣味顿别;少时所读之书,至壮岁而见解又别。盖义理无窍,视其人之所见以为浅深也。况吾辈既为儒生,即终身与文字为缘,文字之神理全在字句抑扬之间,非从容涵泳,必无自得之趣。故经书虽熟,温习之功亦不可废,而制艺进益,尤贵能温熟文。

次,讲阅(填注所看何书,起止若干页)。人自壮岁见闻日广,知识日开,每苦记诵之难,而讲贯涉猎则较童年甚易。然欲讲阅,必先自审所志而专其趣向,否则,经、史、子、集浩如烟海,从何下手?恐或作或辍,终无所得。故道德、经济、考据、辞章必先专有所趋,而后循序渐进,致志一书,专心一门,久久自能通贯。其下居业节目,则用功之程式,所以检摄学者粗浮之心,使之精锐沈细也。

次,居业。讲阅有得即居业也。居,有居积意,积累既久则进矣。其子目有点勘句读(古人读书有眼到、口到、心到之说,近日曾文正又益以手到。盖眼、口、心均一过辄了,无迹可见,手到正所以验眼、口、心之到也。其自有之书,正文及注悉点之,有得则加圈。如借人书观者,则心中默点之,遇有僻字、奥义及先儒说经句读之异,或自己心得别有讲法,如孔子少孤节,"不知其墓殡于五父之衢",古作两句者,今作一句之类。均记出,填其点几页,别纸记所疑句)。

校订错讹。即"莲池书院校勘法",或以诸本对勘,或据他书校定篇章字句之不同,意义各别,须详考精审,记若干条。

纂录义类。即"莲池书院纂录法",或采集各书自出手眼,或专辑一书归诸简要,务须条理分明。记若干条,详书别纸。

曲证旁通。或读此书有悟,或因他书悟此,经、史、子、集均可互证。记若干条,详书别纸。

切己体贴。此如语录类。或讲学,或悟人情物理及政事因革,或省身涉世。记若干条,详书别纸。

典章考据。大则兵、刑、礼、乐、农田、水利、天文、地理、国朝、掌故,以及名物、象数、声音、训诂等类,记若干条。

摹拟文法。古人文章必有所本,得其所由因,然后知其所变。如孟坚袭《史记》之体,欧阳学史公之神,皆有独得处。辞章之学,须从此入手。

抄录故实。分门别类,须注明书名。古人无类书,凡所用典,皆自为别择,故学有根柢,文词皆不人云亦云。

存疑待问。日析一疑,久之自能无疑。今人懒于看书,皆由开卷多有不解,而又惮于问人,不解者终于不解,看书遂觉其难,不至废书不看。不止有疑,须详记之,择人而问,人亦不解而存之于心,积疑生悟,且可于无意中自得其解。此则予所身验者,诸生试仿而行之,决有效验也,记若干条。

余功。写字、作文、作诗,非多读书不能日有进益,前人已言之矣。即算术、律历、天文、占验、地理、形势、兵法、水利,非多读经史不能会其本原,故诵习讲阅为本,而他皆余功。

味经书院时务斋学规

[清]刘光蕡

予承乏味经有年矣,愧无实德足以感发诸生志气,振奋有为。而时变日棘,非人人卧薪尝胆,不足以御外侮而辑中夏。古谓:四郊多垒,为卿大夫之辱,地广大荒而不治,亦士之辱。今以中国之大,不能御一日本,割地赔费,无辱不有,非地广大荒而不治之实乎?吾辈腼颜为士,不引以为辱,无论无以对朝廷也。试思外祸又发,天下之大,何处藏身,各有父母,各有子孙,读书无科举之路,经商无贸易之途,工无所用其巧,农不免税其身,中国之患尚堪设想耶?欲救此患,必自士子自奋于学始。人才辈出,不臻富强者,无是理也。今与诸生约,各存自励之心,力除积习,勉为真才,日夜有沦胥异类之惧,以自警惕于心目,则学问日新月异,皆成有用之才,岂惟余有厚望,

亦吾陕之幸,天下之幸也。谨条列其端于后:

励耻。今日士子孰不读书,而终无用者,非书无用也。经史如天之雨露,然其灌溉心与养草木之苗无异,由善念而读书则成良才,由俗念而读书则为恶卉。人心皆良而非恶,一念之岐,终于千里,孟子所谓善利舜跖是也。吾辈用功当从此下手。无论何书,每读时先问读此何用,则心中有主宰,一线穿去,有条不紊,才识日增而且易于记忆。此即程子所谓立志,朱子所谓穿钱之索子也,而吾归之励耻者,人惟心有所耻,则内若负疚,无时间断,心密气奋,志自专而力自果,则知耻尤立志之本也。今之仕途虽杂,东事之兴,其当大任者杂途乎?抑曾读书称士子者乎?此日之书无用,当日读之之志非也。读书不立志,愈读愈坏,则皆自不知耻始,吾辈须力戒之。

习勤。今日天下之患,惟惰为甚。而惰之患,亦惟士为甚。文武分途,弓马之事,士皆不习见,见兵刃则动色,闻炮火则战栗,养成嫩脆之骨,其妖弱甚且同于妇女,全失古人桑蓬之意。前数十年,友人游京师者,谓士大夫衣饰全效妇女,将终蹶而不振,今其言验矣。古者士子进身皆以射,乡大夫宾贤能,天子选士择官,射与礼乐并重。管子处四民,所谓士乡者,战士也。即《春秋》左氏所记,所谓士者,亦多指战士。至战国始有策士,以口舌取官者,然则劳力之事不可谓非士之当为也。夫孟子所谓劳心者治人,劳力者治于人,似士但当讲习讨论,以益其智,如周公之仰思待旦,孔子之忘寝忘食,然知劳心之人,未有惮于劳力者,惮于劳力之人,未有能劳心者也。孟子谓,当大任必先劳其筋骨。劳则坚凝,不劳则脆嫩,以脆嫩之筋骨,如何能膺艰巨？五胡乱华,陶士行运甓习勤,今日之时势何如,可不以士行为法哉？有志之士,其学问当自习勤始。

求实。外人谋富强,中国言仁义,岂吾圣人垂训不能富强,而以仁义贫弱天下哉？外国之富强有实事,中国之仁义托空谈,故中国不敌外洋。非仁义不敌富强,空谈不敌实事,其弊亦自士子读书始。束发受学,但知读书为作八股之资,不惟与世事无涉,并与自家身心无涉。故读道德之言,亦知圣贤谈理之精,读经济之言,亦知名世论事之切,发之八股何尝不言之有物,持之有故,而技止于此。举圣贤所遗之经史子集,不过为一大兔园册子,一旦身列仕途,问以家国天下之事,皆欲索之仓促,而毫未预为之计,天下事安得不坏？故士非士,吏非吏,官非官,兵非兵,工非工,刑非刑,一切用人行政均以八股之技从事,代他人为言而与己无与,成为虚浮之天下,而外敌乘虚而入矣。故今日之弊,非矫虚以实不可,矫之亦必自士子读书始。凡经史中所言之事皆以为实,而默验之身心,必求其可行,而不贵其能言,则心人于事理之中,言未有不真切者,而文亦精进矣。求一得两,何惮不为？

观时。水镜云：识时务者为俊杰。此"时"字,以目伏龙、凤雏,人以为豪杰之趋时,不知即《易》之时义,《中庸》之时中。盖天地之机日新,帝王之政事,圣贤之学问,吾辈之识见,不得不求日新,以合天地之气运。日新即日变,变而能新,则时义、时中之谓也。故孔孟不取老庄之言,而用黄帝尧舜之道,治春秋战国之天下者,以时隔二千余年,道当穷变通久也。今日之天下,黄帝尧舜之天下也。混沌可易而文明,文明亦可易而机巧,欲变通久即孔孟之道也。士生今日,徒抱唐宋以来之成迹,而不统观开辟以来之变以印证今日,必不足以持今日之变。故士子读书以识今日时务为第一义。凡读经史皆与今日时势相证,思其合,且思其所以不合之故,则书皆有用,士成通才矣。

广识。今之为政难矣,不胸有五大洲之国,不足以安一洲之一国,学以为政,非悉五大洲之政事、文章、人情、物产,亦何以为学。况西人驱使无情之水火,无形之气风,一草一木之微,皆想入非非,化无用为极有用,硝磺及炭是也。使有言于四五百年之前者,则必议其妄,今果何如耶?况经国大犹历代不袭其迹,而意未尝不同。不知其迹之异,则泥古而鲜通;不知其意之同,则执迷而不化,未有能应今日之变者也。宜于古今治乱兴衰之迹,深求其故,了然于心,而于外洋各国立国之本末,亦兼综条贯,则遇事自分晓,不难立断,而措置从容,无不中节矣。

乐群。今日人心涣散极矣。《易》言:"涣其群,元吉。"今何以不吉?盖涣其名利之私,而群其道义之公,涣之正所以群之,故继之曰:涣有孚,匪夷所思。圣人何尝不重天下之群哉。吾乡人士,习秦人无党,定语多、独学、无友,孤陋寡闻,执高头讲章之说,自以为是,与世事全形隔阂,乃闻人之长而必言其短,见之人短而特甚其词,此争名之心发于外也。居处饮食不相让,学问事业不相谋,此争利之心蕴于中也。及至居官,以空疏之识竞名利之私,其能不嫉贤妒能,贪荣慕势,如《诗》之所谓忮者乎?官方坏,则事事失人心,今日人心之涣,未必不自吾辈存心酿而成之也。

孔子曰:"君子矜而不争,群而不党。"自爱名节,则矜而不党;不贪名利,则不争而能群。能群即胞与之仁,不群即土崩瓦解之势,《书》所谓"亿兆人,惟亿兆心也。"《易》于极涣之后,许以元吉象,以有孚幸,以匪夷所思。萃人心之涣,其权不能专责之士,然士亦有人心世道之责者也。有志者事竟成。吾辈所得为者,吾自勉之。匪夷所思,安知不为今日之谶哉。

以上六条,诸生果信予言,潜心学去,他日必有益世用,予日夜所祷祀者也。既谓士须以八股进身,则励耻求实,必不屑窃为文,徒恃空言;从事经史,体以身心,而文有根底;审时广识,文必精切宏肆,场中易于制胜,习勤乐群,则朋友讲习,日夜不倦,文事日精进矣。凡八股,皆以发挥圣言,上六条则以圣人之言而以身为之者,世岂有身为其事而不如徒言之亲切者,诸生果实从事于此,倘有妨八股,予甘任其咎。

味经创设时务斋章程

[清]刘光蕡

味经之设,原期士皆穷经致用。法非不善也,而辞章之习,锢蔽已深,专攻制艺者无论矣,即有研求经史、励志学修者,第知考古而不能通今,明体而不能达用,则亦无异辞章之习已。今时变岌岌,中国文献之邦,周孔之教,其造就人材竟逊于外域,岂吾道非乎?盖外人之学在事,中国之学在文。文遁于虚,事征于实,课虚不如求实,故造就逊于人也。夫吾道自二帝、三王、周公以上,皆见诸事矣。孔子集其大成,而不得位以行道,始垂空文以自见。然道大于中,而中以时为贵,《论语》以时习始,《乡党》以时哉终。孟子称孔子为圣之时。子思作《中庸》,发明道体。而汉儒以用释庸中之用,即道之见诸事也。厥后道术分裂,然秦以前诸子仍即事为书,故刘子政论九流学术,必曰出于古之某官,古固无不切世用之学也。中国人士日读周公、孔子之书,舍实事而尚虚文,甘让外人以独步,事不如人而遂受其制,反若圣道亦逊于彼教者,岂不大可痛恨哉!今既知其弊之所由始,力为矫之,爰立时务斋于味经书院,俾人人心目有当时之务,而以求其补救之术于经史。人人出而有用,中国之势、孔孟之教未必不可雄驾诸洲也。其章程分为五目,目各有子,条例如左:

粗设斋规。先拨款。以刊经史银三分之二约八百金,刊时务书,即以较经史诸生膏火三分之二即三百五十金,为习时务诸生之膏火,又味经有小课膏火一百两亦即拨入。膏火太嫌微薄,然此斋为实学书院之先声,若诸生立志求实,道艺兼通,则一二年后书院既成,必优加膏奖,其尤者且咨送总理衙门录用,何论区区膏火云尔哉。

次责成。院长总持一切,督励诸生学习,评阅课程;监院巡阅稽查,奉行文书刊书;董事经理账项,支发膏火,以上三人均不增添束脩薪水。斋长仍以味经斋长及刊书斋长兼之,倡率诸生学习,管理借还书籍,其薪水亦不增添。

次选士。凡入时务斋者,虽由学宪考选,院长挑取,兼由斋长及旧入斋之人保举，入斋后须自具限结，讲读某经史，习学某技艺，限若干年必能精通，倘未及限忽欲改业，或已及限不能精通，均从重议罚，同斋何人作保，一并议罚。

次膏火。每岁斋中约二三十人，每人月给膏火银一两，足供灶费而已。旷功按日计扣，立告假册存学长处。其余银作为奖银，俟学宪照功课评定甲乙酌给。

次立斋主。斋中诸生公推三人为学长，主持斋中诸事，稽查学习勤惰，互相警戒，德业相劝，过失相规。斋中诸人有行止不端功课不勤者，学长告知同斋之人，小过众为劝诫使改，大则禀明院长立即逐出。

次订交。天下事非一人所能办，中国风气人心涣散，文人相轻，彼此意见不合，激为仇怨，同学尚不能和，他日任事何能兼收天下之才？亦有孤介之士，同居书院，闭户诵读，不与同人往来，此则不如居家读书，何必远来书院？盖人之学问，成于师友，而得之友者多，得之师者少。得之照例之师者尤少，今之课师是也。友则朝夕聚处，彼此性情浃洽，质疑辩难，所益实多。今定入斋每人均自送履历于学长，学长命书办登于斋中之册，即将旧册付于其人，令将同斋之人自书一册，此君即不住院，同斋之人即为同志之友，仍必德业相劝，过失相规。朋友列于五伦之中，谓联以道义，非联以声气也。今人仕宦重同年、同乡，同学助成学问，其情义视同年、同乡何如哉？亲爱同学，即圣人泛爱亲仁之义，《礼记》敬业乐群之说也。

严立课程。首读书分类。《易经》《四书》，儒先性命之书，为道学类,须兼涉外洋教门、风土人情等书;《书经》《春秋》、历代正史、《通鉴纲目》《九朝东华录》等书,为史学类,须兼涉外洋各国之史,审其兴衰治乱,与中国相印证;三礼、《通志》《通典》《通考》、续三通、皇朝三通及一切掌故之书,为经济类,须兼涉外洋政治、万国公法等书,以与中国现行政治相印证;《诗经》《尔雅》《十三经注疏》及《说文》,儒先考据之书,为训诂类,须兼涉外洋语言文字之学以及历算,须融中西。地舆必遍五洲,制造以火轮舟车为最要,兵事以各种枪炮为极烈,电气不惟传信且以作灯,光镜不惟测天且以焚敌,化学之验物质,医学之辨人体,矿学之察动脉,气球以行空,气钟以入水,算学为各学之门径,重学为制造之权舆,诸艺皆天地自泄之奇,西人得之以睨我中国,我中国不收其利将受其害,可不精心以究其所以然乎?凡此诸技,均须自占一门,积渐学去(各学均有专用之器,均积渐购置,见其器则各学均易学矣)。

次计日程功。每日均作六时,以二时讲阅经史,二时习学西艺及西书,二时游息。讲阅经史,须计共若干卷,卷若干页,每日阅若干页,限若干日读完。西书及艺事亦然(如算术须以术之难易分),如有事故,均须注明。读西学诸书,均须能通其意,其中国无其物及其器者,书院设法购置,或更延请西人专门之师,但我等必须先将其书读之了了,有人指点,必易通悟,其限日法亦如经史。

次自书课册。每日何时起,何时寝,讲阅何经何史,自某句起某句止,心得若干条,疑义若干条;阅西学何书,内某句起某句止,已解若干条,未解若干条;阅报几纸,其是非得失若何;其利害有关于中国否；见某人讲论何事，其言可取与否，均一一抄为一册。五日自行呈堂评阅，月终汇齐，由监院解学宪评阅，张榜赏罚进退。每人在院一年，须住足三百日，每月准应官堂六日，余皆循行时务斋课程，毋得旷误。

创设讲会。书院之始，由于讲学。记诵辞章，士子自可研求于家塾党庠，仆仆道路，远赴书院，所习仍不外记诵辞章，又何为者？故书院教人，贵提醒人心，其有益于今日士习为甚巨也。陆象山在白鹿洞讲君子喻义章，士有闻而泣下者。前明东林讲学，虽为阉党所指目，而其中亦有失节者，然究君子多而小人少，讲学之功有益人心不可没也。况泰西耶稣之教时时宣讲，中国人且有从其教者。今以中国人讲孔子之教，为皇上所尊，尚而不足以动人者乎？惟前明国初诸老先生讲学，均不谈时事，盖举记诵辞章而体之以身心，则已足为有用之才。今则时变极艰且大，非旷观六合，有不能自全于一域者。故前人讲学，内返之身心，今日讲学，必外证之身世。吾儒之道固合内外之道也，惟官吏贤否，不准一字提及。拟以学长为主，会每月初一、十五日谒先师后，院长与诸生会讲，午间延宿学硕儒登讲席宣讲，无则即延院长，以味经讲堂为讲所。凡有志时务者，不论籍贯，不论文武农工商贾，皆准听讲。其未住院愿入时务斋学习者，苟有人保，每月两次会讲兼缴课程，院长评阅汇送学宪，一体给予奖银。其有更远者，或一季一会讲，半年一会讲，院中均供饮食。其未预通姓名于斋中者，来听讲时，许在堂下，不准升堂。

勤阅报章。欲知时务，非阅报章未由。《京报》《申报》《万国公报》以及新出各报,时务斋均拟购一份,俾诸生分阅。而时务斋须设法购活字铅版及印书器具一架,译各报之有用者,每月排印一册,散给时务斋诸生及会讲各友人各一册,余存刊书处货卖。此项尚无的款,拟先从刊书处垫办,俟有机会筹定的款,则报纸不取钱文,凡不阅报者,不准人斋会讲(凡时务斋会讲有切时用之文,亦便附于报章,以求正于四方君子)。

刊行西书。中国之患,西祸为急,则时务莫大于洋务。西国之谋人国也,以商贾宠其财,然后以兵戈取其地,故今日中国以整顿商务为先,宜急刻商务及通商条约、各国交涉等书。西商所以获利者,制造精也,故宜急刻造器各书。造器之原,均由格致,故宜急刻格致诸书。商贾之中,即伏兵戎,故宜急刻战阵军械等书。西学之精,非算术不能窥其奥,故宜急刻算术各书。然吾中人则虚骄自大,谓读洋书者,即为变于夷,则请以中兴诸贤文集,事涉洋务者先焉。其他则从算学始。时务斋诸生及远方会友,须各自入钱付刊书处营运,以为常阅报购书之资。

谕味经诸生(一)

[清]刘光蕡

书院之设,原以作养人材。吾省既有"关中""宏道",复设"味经",岂第恤诸生之贫寒哉?仆学问肤浅,自甘蛰伏草野。今岁"泾干"之聘,已再三推辞,不料学使谬采虚声,柏山长误为荐举,竟尔移讲"味经"。仆不胜恐惧,日夜思维,欲以答朝廷设书院培植人材之意。因阅书院旧规,见史山长有作说帖法,柏山长有课程册,窃以二法深得教学之意。"说帖"即古人之日记,可以日验学问长进与否。而功课册以为钤束,则不求速效,而培其根本之意也。仆今岁既承乏味经,思与诸生实力奉行,与监院商酌举行,其十日一缴者,易为五日,次日即登堂讲书,原欲与诸生互相勉励,每逢功课册缴上,虽至午夜,必尽力披阅,有作说帖者即为答复。亦望诸生穷经商得,仆虽驽钝,或如老马之识途。

乃上届讲书之期,告病者二十有六人,昨则益至二十九人矣。窃思时无疫病,何以病者如是之多?晚间巡视号舍,逐人看视,则其病均在可有可无之间。仆乃恍然知所以多病之由,盖以仆之不德,而诸生之精神乃日即于疲玩也。仆不胜惭恶,席为之不安,惟有极力振奋以赎愆尤。今与诸生约:

凡有疾病,其轻者亲来禀明,重者同号生代为说明。仆即亲来验看,轻则令其摄养,重则延医调治,照看归家。否则书院养病决不如在家之适意,可以束装速归,毋令病来缠绵,使人视书院类于"养济院"、"同仁局"之为,则仆之大辱也。决须大为惩治,不敢因循。为此,预为告诫诸生,自思来欲何为,而乃在此偷安耶?各有心知,何必自欺,以重仆之不德也。

谕味经诸生(二)

[清]刘光蕡

算学有裨军国日用,为六艺之一,古时人人能之。今诸生视为商贾之用,全不经心,殊为自失其业。今拟将向之小课改为算学课,每月二十七日,余坐讲堂面课,优者给奖。诸生未习算者,即由加减乘除入手,至日面试可也。

谕味经诸生(三)

[清]刘光蕡

谕诸生:学宪创设时务斋,为他日格致实学书院之本,欲选诸生肄习其中,以四十名为限。斋以时务为名,必诸生关心时务,讨论经史,期于坐言起行,可获实用。今日世界,已合五大洲为一大战国,世变为汉唐以来所未有。即救变之材,其学问必不能尽循汉唐以来之成迹。前有拟定学规章程,以经学、史学、经济、考据、艺学分门,诸生自审志力,愿占何门,入斋学习,誓求精进,互相保结,力除空言无实之积习,庶不负立斋之意。今限十日,各自书册缴斋长处,待我阅定,呈学宪裁定二十人入斋肄习。此谕。

谕味经诸生(四)

[清]刘光蕡

立时务斋,列算学为一门,盖以算居六艺之一,究属形下之学。士子学问,当志其远者、大者,近则身心,远则天下、国家。斋名时务,自治身心,正救时之本原,留心天下国家,尤救时之急务也。既而思之,今天下之患,不患文词之不工,而患政事之不修。儒生既未与天下、国家事,而其所以治身心者,不外古之六艺。六艺当指礼、乐、射、御、书、数,而非《易》《诗》《书》《春秋》《礼》《乐》。即《易》《诗》

《书》《礼》《乐》《春秋》各经，亦非算术不能通，故汉宋大儒，如康成、朱子，皆通算术。况又救今日虚词之弊，而可不以算为急乎？今定凡有志时务之学者，无论自占何门，均须习算，亦如士子无论为何学，无不习字之类。若谓资质不能习算，是无志于时务，非不能也。不能为精深之算，亦岂不能为浅近日用之算乎？世之习商贾者，无不能算，岂以士人之才质，反逊于商贾乎？中国之患，固非人人习算所能救，然我辈所能为者，仅在是。禹之行水也，以算术；周公治太平，以算术。孔子曰：吾不试故艺。周公所著之算书，名曰《捐闷》。孔子所著之算，名曰《三不能比两》。然则为士子而习算，正禹、周公、孔子之教，即孟子"息邪说、拒诐行、放淫词、承三圣"之心法也，诸生其无忽算学为末技也可。

崇实书院机器织布集股说略

清光绪二十二年（1896）

奏折。奏为创设书院以培人材，恭折仰祈圣鉴事。窃维世运之升降，视乎人材；人材之振兴，资于学校。书院者，所以辅学校之不逮也。陕西为文献旧邦，名臣大儒，史不绝书。我朝教泽涵濡二百余年，尤称极盛。近经兵燹之余，元气未复，而关中、弘道、味经各书院肄业诸生，多能讲求实学，研精典籍。盖陕人心质直而气果毅，贫不废读，故易与有成。惟其所服习者，经史之外，制艺诗赋而已，明体或不能达用，考古或未必通今。迩来时局多艰，需材尤急，自非储其用于平日，万难收其效于临时。率据书院肄业举人邢廷荚、成安生员孙澄海、张象咏等联名呈恳,自筹款项,创建格致实学书院。延聘名师,广购古今致用诸书,分门研习,按日程功,不必限定中学、西学,但期有裨实用,如天文地舆、吏治兵法、格致制造等类,互相讲求,久之自能洞彻源流,以上备国家之采择各等情前来。

臣等伏查生人之急,为学而已矣;求学之方,务实而已矣。圣门论学,不尚空疏。游艺继于依人,政事先于文学。后世士夫,或专精训诂,或仅事辞章,或空谈性理,而于经世致用各学,转致少所钻研,冒耏之伦,遂得窃我所长,以为专门名家之业,浅见者或且鳃鳃然从而惊讶之,而不知其实渊源于我也。近来讲求实学,风气一变,然自京师之同文馆而外,如天津等处之武备各学堂,类皆选取幼童,俾习西学其于经籍典章,未遑学问,恐亦难期得力。

今该举人等请设书院,由学政调取年少聪颖之生员而肄习之,庶根柢既深,程功更易。久之,受授渐广,风气渐开,未必无杰出之才奋发而起,似于培植人材之方,不无裨益。如蒙俞允,再由臣等商酌办理,敦请博通今古、体用兼备之儒主讲其中,分科学习,严订章程。总期不事空谈,专求实获,庶仰副圣主崇尚实学之至意。所有据情请建书院缘由,护会同署陕甘总督,臣陶模合词具陈,伏乞皇上圣鉴训示。再,此折系臣赵维熙主稿,合并陈明。谨奏。

光绪二十二年五月初七日,奉朱批:著照所请,该部知道。钦此。

附片。再,书院之设,必期久远,始能多所造就。而经费一项,筹划颇难为力。兹复据举人邢廷荚等呈请,拟设机器织布局,资其利息,以供膏火,即借其机器,讲求制造。据称,陕西产棉极多,而杼柚之利未兴,衣被所资专取给于湖北之广布,合陕、甘两省计之,每岁费银至四五百万之多。近者洋布盛行,广布亦为所夺。现拟绅商自行鸠股,创没织布机器局于格致实学书院之侧,购置机器,招募外洋名匠,以董其事,则既可以收利权而资民用,而士子等学习制造汽机各事,即可借此为入门之径。是机局为书院之本根,书院即机局之羽翼,并行不悖,实相得益彰各等语。

臣等查陕西一省,四塞自固,实为中原形胜所关。迩自兵燹以还,凋敝未能复业,即布疋一项,岁出至数百万金。若不及早图维,恐年复一年,益形困惫。该举人等筹划及此,实属顾全大局,深明利害。拟于机局余利中提出书院经费,可期久远,洵于造士裕民,两有裨益。

年来如创设铁路等事,叠奉谕旨,准由商民自行筹款兴办,官为保护其事业,而不干预其利权。薄海人民,同沾渥泽,靡不奋兴鼓舞,各竭智力,以冀仰答鸿慈。今该举人等援案呈请代奏前来,相应附片陈明。伏乞圣鉴,敕部立案施行。谨奏。

光绪二十二年五月初七日,奉朱批:该部知道,钦此。

集股公启。公启者:吾陕为文献旧邦,伊古以来,人材最胜。近自兵燹频仍,盖迥不如前矣。岂天之降材尔殊,固时运有所限耶?抑亦培植者之无其具耶。夫圣门论政,先富后教,盖衣食足而后礼义兴也。关中古称上腴,自井田湮,水利废,地力遂因之日削。迩者土产所出,粟麦而外,惟棉为大宗,自余日用之需,半取给予南省。

而广布一项,岁费至四五百万金,视丁粮过之。今以全陕而论,家鲜千仓之资,地无五金之矿,年复一年,所出愈巨,乌得而不贫且窭也。然以昔日言之,我失其资而楚受其益,利源犹在中国,硁硁自守,未为不可。顷自倭人通款,明订约章,有准其自运机器至各内地制造土货一条。夫曰内地,则非专指通商埠头言也,曰制造又非仅为互市有无计也。沿海长江各口,彼族既率其丑类,盘踞而生殖之矣。则今之夙夜觊觎者,舍晋之煤铁,甘之皮毛,与吾陕之花布,亦奚所求。学使赵恧焉忧之,爰有创设织布局之议。以为陕俗患贫,儒鲜真修,奖励无资,圣教将灭,则害在士;终年胼胝,体不蔽肤,尺布寸金,难谋衣褐,则害在农;器物苦窳,技巧日拙,货殖不通,生计益困,则害在工;异族聚居,长袖善舞,垄断自营,利权尽失,则害尤在商。使非及时图维,合官绅商之全力以持之,其后患有不可胜言者。不以某等为不材,而咨询及之,以冀挽回全局。吾陕人士,类能审时变而达大体者,倘肯集众力而举之,则不惟获利之丰如操左券,将来办有成效,上之足以培国家之元气,下之足以发桑梓之人材,当亦蒙诸君子所心许也。一俟事有成基,再由学使会同当道奏明,厘定章程,妥为办理。谨先条陈其略,幸赐鉴焉。此启。

集股说略。此次办理机器织布,拟官绅商同心合力,一气共举。商管银钱账项、买卖各事,绅管学习机器、教训学徒各事,官则主持保护而不侵利权,即有事涉衙门,有绅承当,决不致贻累商民,无可疑惧。

此事若全用官本则为官办,利必归于官,势将多派委员,致多孚费。故须民间先集股份,以为根本,倘不足用,再领官本,则事属民办,利尽归于民矣。

湖北有洋布局系官办,用银三十余万两,官办则局面大,耗费多。吾陕民办,费当较减,若用湖北铁政局之机器,所省尤多。然成本不嫌其过宽,本愈宽则利愈大。今拟以银一千两为一股,若能集二百股,则有二十万之本,即可办矣。

此股集成,不必即缴出,俟办有端倪,盖造房屋,购买机器,延请教师,收买棉花,需用若干,然后照股份陆续缴齐。目下只书一册,以为后日收银之据。

此股集成,每十股举值年一人,每岁有二十人值年,主持一切事故。其局中办事,即由此二十人公举,每年一易,五年以后,出股分之人,皆知局中利弊,彼自放心,知官绅未尝分毫用伊银两。

此事吾陕系创办,不可贸然举办。须派善算及通达买卖之二三人,先往湖北,住居洋布局,细查数月,细观湖北规矩,及机器织法,用房若干,机器若干,每日纺线若干,织布若干,需银若干,使胸中略得规模。然后访求教师,言明几年,必使陕人自能使用机器,每年需银若干,陕人学精,谢银若干,立定合同,即与同购机器,运以赴陕。陕中房已盖成,即可安置机器,纺线织布矣。

此事办成,必有大利,何也?湖北棉花常价须二百有零,倍贵于陕西,彼处将布用人织成运赴陕西,层层厘税,尚能获利。今以百余文钱之棉花,用省工之机器,无运脚,无沿路厘税,其获利岂不显然可信。不惟获利,且必大丰。

此事不办，必有大害，何也？洋纱一物，其始来自印度，人以其质细无力，滞而不销。久之，渐有图其简便，而购以织布者，既而布行不胜其拣，买主且乐其精，于是甚行。倭人艳之，遂转购中国之花至长崎各轧花纺纱机器厂中，制造成货，然后转运中国销售。计二十年，出口之花，约五十万担之多。惟以水脚厘税太重，获利未能甚丰为憾。今议款约章，既有准在各内地制造一切土货之条，将来势必先以泾原为下手处，既无运脚关税，又省人力工作，其价自必极贱，淮肯买用贵而不好之土布，而不买用精而极贱之洋布哉！立见陕西所行之湖北布无人买用，陕西布行自然家家倒闭，而每岁数百万之生意利益，尽被外人夺去，岂非大害？此害显而易见。凡我陕人，宜惕然自惧，速为防之，而在布行尤宜猛醒。

此事既办，宜速设机器书院。不能自用机器，雇人代作，仍受制于人，不能全收利权。拟开局即立一书院，凡有股份之人，均选聪颖子弟送入书院，公请教师教训各样机器。数年之后，自造机器，不惟洋布全收其利，其他有利之事，既可渐次推行，而人材一经历练，自必瑰杰辈出矣。

此次集股，不拘籍贯。此事为保全中国利权起见，非专为陕人谋也。陕中商民，旧多外省之人，今一律入股，即应送子弟入院学习。倘学习精通，即由本局出具保结，送宪司面试。其有成者，可咨送总理衙门，以备任使。

此次集股，不拘官民。中国之弊，全在官民相隔，故诸事受制于外洋不独利权也，而利权尤甚。外国合一国之君民谋利，中国则听民自为之,外人之力聚,中国之势散,中国所以贫弱于外洋也。此次集股,欲联官绅商为一气,即当不问官绅商,皆准入股获利均分,则官绅商之气常通,诸事皆可办矣。其仕宦省份,不准开设市肆之旧例,拟禀请奏闻。此次集股,为民保利,非与民争利,不在例禁之内,且官为民倡也,如乱后初行淮盐,官商同办,方始畅行,可援以为例。其有效彭刚直公之为人,办成得利后,尽以其股本归公者听。

初集股份,不可无归宿之处,拟即以味经刊书处为总汇之所。凡有欲入股者,均自书明姓名、字号、居址、籍贯,即写一册。俟有二三十股,即可选人前往湖北,有五六十股,及湖北信回,即可开拓厂基,盖造房屋,购机器归,即安置织布矣。盖造房屋,即选人监工,而以工所为总汇,刊书处之总汇即撤。

此次创办集股,及集股已成,推举值年,无论绅商,不给薪水。其常住局中办事,及往湖北者,则须薪水。

此事系创办,凡有官绅商能晰机器利弊,用法价值,及织布法程利弊,均可来味经面商,或路远以函相示。局开后,如有弊端,入股之人,均可至局相告,即非入股之人,亦可以函相告。此事为保我中国利权,凡我中国之人,宜人人竭其才智为之。某等才智短浅,不敢自以为是,不乐闻人言也。

此局既成,织布精而价廉,必能畅销获利,将来去路既广,再为扩充厂屋,增添机器。第恐本地之人,既知机器之利,或别开一局,以掣利源,殊非通力合作之本意,此风决不可开。中国之势本散,藉此聚之,若又纷纷私设机器,则又散而不聚,何能力敌外洋?宜以私设机器机房悬为厉禁,方能收回利权。

既能以机器织布,其染法印花,亦宜渐次讲求,以及洋紬洋绉,羽毛洋绒,毕吉羽绫呢等类,均宜推广制造。盖以上各物,以羊毛为大用,本省土产所出,购办尤易,获利必丰。总之,此局为开风气之端,凡西艺之长,足以利国利民者,均须以次渐及,方不负今日立局本心。

机器织布局,创始于上海。近年以来,沿海长江一带,相继仿行,集股创设,计已成及将成者,共十五处。以本年各局核计之,大约统有纺纱车三十六万架,织布机器约三千轴,轧花机器更难悉数,而日增月盛者,且方兴未艾也。使非大有利益,谁复糜数十百万金之费为儿戏哉！查海关二十年结账,洋布之人口者不及一千四百万匹,视十六年一千七百四十万匹,十七年之一千八百六十万匹,减少甚巨,此亦可观其大凡矣。

湖北机局所织之布,种类甚多,有幅宽一尺五寸者,其用与广布等。今拟开办时,多分种数,视何等销售畅旺,则以全力注之,庶免积滞之弊。

此次集股,随发股份票一张。有愿入股者,自书籍贯银数予票内,持至泾阳味经刊书处,登入底本账内,迨收银时另发执照,存本人处,以后即以另发之票为收取利息之据。其愿入数股、数十股者,或书一票,或书数票、数十票,各从其便。其力不能入一股者,或入半股或一二分,亦准集入,止书一票,缴银获利,均照分数折算。

此次集股创设织厂,决无不获利之理。即或日久利微,或别出事端,均不准致累股主,派认亏折。所用官项,亦均由厂归还,与民股无异。则入股者知有利无害,踊跃从事,此次之股既易集,他日推广煤、铁、皮毛,人皆信服,亦易为力矣。

与叶伯皋学政书

[清]刘光蕡

朱生先照来传,谕蕡拟崇实书院章程。此院初建,朝廷尚无改变科目之意,故芝山学使所订章程,仅就中学分为四斋,而各附西学。今既奉有明诏,自当恪遵诏旨,定为教法。蕡于中西各学,均无所窥,勉竭愚虑,拟条呈览,以备采择。夫士之所以有实用者,必悉当时之弊,而得其救之之法,坐而言,可起而行,非谓某法为善,率然取而行之,使可有功也。诏旨政学门,除外交须专通知各国之情,其他均须审度中国情形,而为救之之法。即如理财一节,海关权税,现用洋人,其一切办法,果皆同于西国乎?不洞悉中国受病之缘由,决不能用西国之善法。至于艺学,非一施之试验,空谈何补于事?故格物、考工两门,非备购其器,无从讲求,强为讲求,徒拾西人牙慧,空谈而不适于用,其弊当甚于八股。八股虽空谈,尚有一二道义语可以维持人心。若以依稀惝恍之词,谈光化电热之事,其流弊更何所纪极哉?故今日崇实书院,当事事责实,以祛中国之弊,然后能用西国之法。至于艺学,则西人已格之物,已成之器,我皆能亲试而知其用,方为可贵,而不必以能读其书,谈之可听为贵也。愚陋之见,未知是否,祈教而正之,则幸甚。

再启者,顷闻人言,今岁所来洋人,视其教为最重,凡学语言文字,必从其礼拜。今令诸生学语言文字,欲为中国用也,若从其教,则驱中国为外人矣。此似万不可行,须别延教西语西文之人。查有富平生员景裕,在同文馆学习多年,容贵令人与伊说知,求台端调入崇实书院。所惜者,贲于英语英文一毫不懂,不知景生所学深浅为何如也。

崇实书院学规

[清]刘光蕡

予于乙未春间,为味经诸生拟学规六条:一励耻,二习勤,三求实,四观时,五广识,六乐群。其时拟集股购机器织纱,有效,再建实学书院,予故先以此勖诸生。继辟时务斋为书院之先声,盖恐集股不成,不能别构书院也。今幸书院已成,省宪筹备膏火。顷奉旨特变科目,诸生当无不痛除故习,以勉承明诏矣。然绎诏旨,六门特祛辞章之虚,以从政艺之实,适符崇实命名之意.非举尧舜禹汤文武周公之法弃之以从西政,举孔孟以来相传之道弃之以从耶教也。然则诸生欲为实学,当自有实心始。实为尧舜以来相传之族,则当实心以求保种;实为学习孔孟之徒,则当实心以求保教;实为大清数百年之士民,则当实心以求保国。实心求之之法,仍不出前予所拟六条,请再引申其说以告诸生。

周子云:"志伊尹之所志,学颜子之所学。"伊尹何志?欲君为尧舜之君,民为尧舜之民而已。夫之莘野耕夫,乃以君不若尧舜,一夫不被泽为耻,去尧舜仅四百余年,尧舜法度岂尽泯没。桀虽昏暴,犹为中国之人,中国之教必不尽。举中国四万万之民而奴隶之,屠割之,伊尹之耻乃至若挞于市,使生于今日,亲见外夷之横,异种之教驾于尧舜之上,以屠割我中国,其耻之深痛,为何如耶？耻之,则必求洗其耻,求洗其耻,非自奋于学不可。孟子云："天下无道,以身殉道。"必矢以身殉道之心,然后为有耻,然后能立志。此耻之全量也。而在诸生,则尤有切要之图。当思与中国并立者,何以他国之人皆智皆巧皆富强,中国独愚拙而贫弱,人且谓我为野蛮,为无教化。以炎黄之种,生清淑之区,承尧舜禹汤文武周公孔孟之教,而令人訾为野蛮无教,而愚拙贫弱.则诚不如人,此其可耻为何如,诚不可一夕安矣！耻则愤,愤则勤。

吾前多言兵事,若以武夫待文士者,不知是即孔子之道也。孔子论学曰："愚必明,柔必强。"勇为达德之一,弱为六极之终,自强不息,道乃上拟天行。然则学问之事,以知始,以强终,果窥圣人之道,未有不强者也。国之大事,在祀与戎。今开特科,名曰武备,朝廷之意可知矣。

诸生即为一身功名计,处今日世界,不耐勤劳,何能任事？故当孜孜以求其明并求其强也。明者,治心之效；强者,治身之效。宋儒谓变化气质,变昏愚之气而清明,变脆弱之质而强健也。诏旨所分六门.不过政艺。政,古之大学也；艺,古之小学也。西政之善者,求之吾古,无一不备,而易流于空谈,当与吾今日所行之政相比较,则一旦当自能坐言起行。西人之艺则极神奇,此殆天为之开,俾西人数十年研求以贻我中国者,彼为其劳,我为其逸。我辈宜各占一门,日夜殚心,若有其器,如法试验,不过三年,即能贯通。西人汽机、轮船等事,其分功课,亦不过三年也,但算学、重学,无论自占何门,须先通。

吾辈未入仕途,所学内修、外交、理财、经武,虽言之极精,均空谈而无实事,则吾前所谓求实事者,将何以求?曰:"此其本,在存心;而其用,在观时。"视天下之患,如在其身,西人何以富,我何以贫,人何以强,我何以弱,人何以不讳言利而贪黩者少,我何以言仁义而污处者多?以西国之政事对镜,而我之弊不可掩,以西国之政证以我之三代而上,而我之弊愈不可掩。而救弊之方是在矣,实心奉行内修、外交、理财、经武。中国之弊,皆积于唐宋以来以文取士,故弊在此也。故求实须黜浮词,而能黜浮词则自能观时始。观时何以能黜浮词?曰:"外洋诗书礼乐之化不如中国也,然而国日富强,仁义道德之训不如中国也,然而自谓有教化,其故何哉?"外洋之事治,中国之事不治也。中国之事何以不治?取士之时,以文不以事,则士之读书,亦只求能文而不求能治事。故朝廷之政,吏例持之,行省之政,幕宾家丁持之。非甘让行政之权于人也,平素并未讲求,一入仕途,每遇一事,均茫然无所措手,不得不假手于人,而弊丛生矣。今则六七大国相逼,理财之权授于人,治兵之权授于人,近且黜陟之权亦授于人,而瓜分之说且昌言不讳。宦途日棘,不欲入仕途则已,欲入仕途,兵刑钱谷之事,可不预为讲求哉?

其曰"广识",何也?曰今之祸较战国为急而且大,战国仅中原之地互相争夺，今则合五大洲相争夺矣；战国之秦专尚兵力，今则以商务夺我之财，以教士诱我之民，其祸酷于金元，较五胡而过之；五胡仅恃强悍，今则加以智巧，万非中国所能敌。故欲救今日之弊，非洞悉西国之政治、工艺不可。西人风气日开，每岁新出之书多至万余种，诸事日益求新，中国乃固守唐宋以来之旧见，乌得不日见削于人也。故能识周六合，然后可以上下千古，井田封建，皆后儒所谓万不能行者，今则万不能不行矣。观炮火之烈，然后知井田沟洫之法所以为国也；观吏胥之横，然后知乡官州遂之制所以联民也。至于学校，尤万不可以不复古，非西人行之而效，孰敢作此论哉！故西人艺事之书可读，其政治之书尤不可不读。

其曰"乐群"，何也？五大洲上之人分五种，欧罗巴人为白种，利未亚人为黑种，南洋各岛为棕色种，美利坚人旧为红种，今被白种驱逐逃于深山，如云南之怒夷，黑人仅为白人之奴，棕色人多见并于一人，惟我中国为黄种，知识不亚白种而日见削弱，其故何也？白人能群，各色人不能群也。今外患日逼，非合天下为一心一力，不足以救之，故今日第一义，当自能群始。能群，即孔孟悲悯之心，必能使中国为一人，然后能使天下为一家，否则人以天下为家，我将为之奴隶矣，可不痛哉！故吾愿人人能去自私自利之见，以勉求当世之务而共支危局，不独忠于国也，黄帝尧舜以来，圣贤之圣灵，实我凭之矣。

以上各条，皆我以意为之，诸生遵守，其有窒碍难行或意想不到之处，均可随时斟酌增改。

崇实书院章程

清光绪年间

一曰建规制,而设斋分学、正名定经、责成分教、调取生徒、核定课期、设立官厨、教习幼学、推广作育、创设讲会、刊行西书之目附之。

一曰定经费,而常年进款、常年出款、购备书籍、预筹制造、责成经理、纺织余息、陆续筹捐之目附之。

一曰立课程,而勤求实学、博览报章、试验制造、加练体操、朋友讲习、借资阅历之目附之。

一曰严考核,而计日程功、制造器具、年中考核之目附之。

参考文献

[1] 王溥撰.唐会要.中华书局,1955.

[2] 欧阳修,宋祁.新唐书.中华书局,1975(第一版)

[3] 脱脱.等.宋史.中华书局,1977.

[4] 马端临.文献通考.中华书局,1986.

[5] 文渊阁《四库全书》,《职官类》之《唐六典》卷九,上海古籍出版社,1987.

[6] 冯从吾撰,陈俊民、徐兴海点校《关学编》(附续编),中华书局,1987.

[7] 高维岳撰《绥德直隶州志》,清光绪三十一年刻本.

[8] 《同官县志》,民国三十三年一月由同官县政府出版.

[9] 恭阿拉撰(钦定)《学政全书》,清嘉庆木刻本.

[10] 张骥撰《关学宗传》卷五十四,陕西教育图书社排印本.

[11] 《随园随笔》卷十四,嘉庆戊辰年镌,小仓山房藏版.

[12] 赵尔巽.等.清史稿.列传第七十六.中华书局,1977.

[13] 李颙撰,陈俊民点校.二曲集.中华书局,1996(第一版).

[14] 贺瑞麟编纂《三原县新志》,清光绪刊,民国二十六年补刊.

[15] 张廷玉.明史.中华书局,1974(第一版).

[16] 夏燮编辑《明通鉴》,光绪二十三年木刻版,湖北官书处重校刊.

[17] 宋濂.元史.中华书局,1976(第一版).

[18] 刘于义等监修(雍正)《陕西通志》,雍正十三年刻本.

[19] 邓长耀纂(乾隆)《临潼县志》,民国十二年重印,西安含章书局代印.

[20] 黄宗羲.明儒学案.中华书局,1985(第一版).

[21] 刘光蕡辑《陕甘味经书院志》,关中丛书,民国二十五年.

[22] 姚鼐《惜抱轩文集》,上海会文堂书局印行.

[23] 方东树《汉学商兑》,清光绪二十年传经堂刻本.

[24] 李兆洛《养一斋文集》,清光绪戊寅年刻本.

[25] 滕天绶辑 严如熤等纂修《重刻汉中府志》,民国木刻.

[26] (嘉庆)《咸宁县志》.

[27] 严长明纂《西安府志》.

[28] 沈青崖编《陕西省通志》,雍正十三年刻本.

[29] 张楷撰《安庆府志》.

[30] 李鸿章等修,黄彭年等撰(光绪)《畿辅通志》,民国二十三年据清光绪十年原刻本影印版.

[31] 托律等重修《钦定大清会典事例》,嘉庆二十三年刊本.

[32] 张廷玉.明史志,第四十五《选举一》.中华书局,1974(第一版):1686.

[33] 宋伯鲁等撰(民国)《续修陕西省通志》,陕西通志馆1934年铅印本.

[34] 全唐诗.中华书局,1960.

[35] 邓洪波.中国书院章程.长沙:湖南大学出版社,2000.

[36] 邓洪波.中国书院学规集成.上海:中西书局,2011.

[37] 宋大川.唐代教育体制研究.太原:山西教育出版社,1998.

[38] 杨绳信.清末陕甘概况.西安:三秦出版社,1997.

[39] 郭琦,史念海,张岂之.陕西通史.西安:陕西师范大学出版社,1997.

[40] 陈谷嘉,邓洪波.中国书院史资料(上中下).杭州:浙江教育出版社,1998.

[41] 毛礼锐,沈灌群.中国教育通史.济南:山东教育出版社,1985.

[42] 贾非.中国古代考试与学校教育.长春:吉林教育出版社.

[43] 苗春德.宋代教育.郑州:河南大学出版社,1992.

[44] 王炳照.中国古代书院.北京:商务印书馆,1998.

[45] 郭齐家.中国古代学校.北京:商务印书馆,1998.

[46] 李国钧,王炳照.中国教育制度史.济南:山东教育出版社,2000.

[47] 杨慎初,朱汉民,邓洪波.岳麓书院史略.长沙:岳麓书社,1986.

[48] 顾宏义.教育政策与宋代两浙教育.武汉:湖北教育出版社,2003.

[49] 郭齐家.中国教育思想史.北京:教育科学出版社,1987.

[50] 毛礼锐,瞿菊农,邵鹤亭.中国古代教育史.北京:人民教育出版社,1983.

[51] 郭松义,李新达,杨珍.中国政治制度通史.北京:人民出版社,1996.

[52] 张国刚.唐代官制.西安:三秦出版社,1987.

[53] 任爽.唐朝典章制度.长春:吉林文史出版社,2001.

[54] 张希清.宋朝典章制度.长春:吉林文史出版社,2001.

[55] 张德信.明朝典章制度.长春:吉林文史出版社,2001.

[56] 韩儒林.元朝史.北京:人民出版社,1986.

[57] 南炳文,汤纲.明史.上海:上海人民出版社,2003.

[58] 陈元晖,尹德新,王炳照.中国古代的书院制度.上海:上海教育出版社,1981.

[59] 白新良.中国古代书院发展史.天津:天津大学出版社,

1995.

[60] 王恩治.清代人物传稿.北京:中华书局,1986.

[61] 韩儒林.元朝史.北京:人民出版社,1986.

[62] 孟森.明史讲义.上海:上海古籍出版社,2002.

[63] 郭松义,李新达,李尚英.清朝典章制度.长春:吉林文史出版社,2001.

[64] 赵所生,薛正兴.中国历代书院志.南京:江苏教育出版社,1995.

[65] 李正德.等.陕西著述志.西安:三秦出版社,1996.

[66] 陕西省志·著述志(上).西安:三秦出版社,2000.

征引文献：

嘉庆《长安县志》卷十九，清嘉庆二十年刊本。

嘉庆《咸宁县志》卷十三，清嘉庆二十四年修，民国二十五年重印本。

民国《续修陕西通志稿》卷三十六、卷三十七，民国二十三年刊本。

明何载图等撰《关中书院志》卷二、卷三，明万历间巡按陕西毕懋康校刊。

清黄舒昺《国朝先正学规汇钞》，清光绪十九年刊本。

光绪《蓝田县志》卷九，清光绪元年刊本。

宣统《重修泾阳县志》卷六，清宣统三年刊本。

刘光蕡《陕甘味经书院志》，清光绪二十年刊本。

陕西教育史志资料录.西安：陕西人民出版社，1990.

刘光蕡《烟霞草堂文集》卷六、卷七，清光绪三十三年思过斋锓版。

《知新报》第二十三号，清光绪二十三年六月初一日出版。

后记

  几年前,师大文学院孙清潮书记建议我以陕西书院为研究课题,申请协同创新培育项目。我再次相商于西北大学公共管理学院教师田丽娟,得其应允支持。田丽娟学术研究的关注点之一即是中国教育史,十多年前我曾经与其合作,做过一段时间的陕西书院历史研究,知道陕西书院的资料比较零散,仅阅读文献资料都是一件非常费时费力的工作。关于本书的写作,决定由我阅读地方志、通志等资料搜集书院文献,田丽娟从宋元明清的名人文集中寻找相关著述。经过几年的梳理,现在已经基本将陕西书院的碑记、书院志、学田等有关资料收集完备。

  这本《陕西书院简史》即将由西安交通大学出版社正式出版,回想起文学院樊列武副院长等师友向交大出版社编辑的力荐,促成我们与时任责任编辑何园女士就本书的写作、交稿和校对达成协议,最终使书稿得以完成。而今,樊列武老师已经从副院长职务退休两年,光阴荏苒,令人唏嘘。

  2018年12月25日,我接到了西安交大周冀女士的短信,言及书稿由于原编辑何园女士的辞职,几经转手,将由她作为本书的责任编辑负责书稿的后续出版事宜,计划在2019年新年之后即付诸印行,令人欣喜。为此,特向西安交大出版社周冀女士的辛勤付出表达我们的谢忱!

  本书写作分工为,一、二、三、四部分的写作和图片的搜集整理由杨远征完成,五、六、七共三个部分的内容由田丽娟完成,杨远征负责全书的统稿。

杨远征

2019年元旦